Alexander Wolfgang Strüver

Eine philosophische Abhandlung über die zeitgemäße Verschiebung der Werte innerhalb einer Gesellschaft

AF219902

Alexander Wolfgang
Strüver

Der Werteverfall der Gesellschaft

Eine philosophische Abhandlung,

die sich mit Fragen und Werten
unserer Zeit auseinander setzt.

Bibliografische Information der Deutschen Nationalbibliothek: Die Deutsche Nationalbibliothek verzeichnet diese Publikation in der Deutschen Nationalbibliografie; detaillierte bibliografische Daten sind im Internet über dnb.dnb.de abrufbar.

Herstellung und Verlag:
BoD – Books on Demand, Norderstedt

ISBN: 9783755777069

Vorwort

Ich setzte mich bereits seit Jahren eigenständig mit dem kritischen Hinterfragen von Themen aus unserem aktuellen Zeitgeschehen auseinander. Mich fasziniert das geostrategische Denken, auf globaler Ebene, sehr. Jedoch versuche ich nicht konkrete Spieler auszumachen, sondern die grundsätzlichen Strukturen und Optionen der möglichen Akteure zu begreifen, umso ein objektives Bild der Ausrichtungen zu erhalten. Es geht mir nicht darum krude Theorien zu belegen oder zu widerlegen. Vielmehr ist es für mich spannend zu sehen, ob Gedankenspiele, die mir einfallen, in realen Strukturen wiederzufinden sind. Dank meines kritischen Geistes und einer unbändigen Neugier, schaffe ich es immer wieder mich zu motivieren, aber auch meine eigenen Ideen kritisch zu durchleuchten, um immer wieder auftretende Schwächen oder Kalkulationen zu verbessern. Es ist mir bewusst, dass dies eher trockene Themen sind und dennoch hoffe ich, dass euch meine Sichtweisen ein wenig Inspiration schenken und ihr das eine oder andere für euch mit heraus nehmen könnt.

Inhalte der Abhandlung

1. Wer bin ich
2. Bildung
3. Der Mensch, der ich bin! Die Frage von Liberalität, Moralisierung und dem Verständnis von Gut und Böse.
4. Warum das Lügen zum Leitkult gehört
5. Mediale Betrachtungsweise rechts links im politischen Sinne unser heutigen Zeit.
6. Verteufelung oder Lobpreisung des Kapitalismus.
7. Journalistischer Einfluss auf das Injizieren des Verfalls in der Gesellschaft.
8. Das Verwöhnen der Jungend und die Verdrängung der Abkopplung der Pflichten von den Rechten.
9. Solidarität angesichts der verzerrten Wahrnehmung
10. Humanität oder Natürlichkeit?

Der Werteverfall der Gesellschaft

Wer bin ich

Die folgenden Seiten widme ich den Sichtweisen und Werten, denen ich mich als Weltenbummler und Überlebenskünstler verpflichtet fühle. Es sind also meine logischen sowie philosophischen Überlegungen zu diversen Themen unserer heutigen Zeit. Kritisch, dem was als Standard gilt, war ich bereits als Kind und demnach habe ich mich sehr früh mit diversen Themen auseinander gesetzt. Mein Werdegang ist ebenfalls sehr bunt und durchwachsen von Höhen und Tiefen. Sowohl beruflich wie auch privat durchlebte ich auf meinem Weg so einige Hürden, denen es hieß aufrecht, stolz und ehrenvoll zu entgegnen. Gelang mir dies stets? Gewiss nicht! Doch nahm ich jede Erfahrung als Lehre und bildete mich fort. Ich habe lange überlegt, wie ich mit diesem Thema (Werteverfall der Gesellschaft) philosophisch, geostrategisch und psychologisch beginnen soll, doch ist es einfach viel zu komplex, um einen genauen Zeitpunkt nennen zu können, wo man einsteigen sollte. Zunächst, bevor ich erläutere, warum meiner Meinung nach unsere Gesellschaft zerfällt, bringe ich euch meine allgemeine philosophische Denkweise näher. Da habe ich mehrere Ansätze. Zum einen der, dass ich Dinge, die mich in meinem Leben nicht direkt tangieren, wertfrei behandle. Zum anderen sehe ich den Menschen nicht als Essenz allen Lebens der Erde, sondern bloß als das, was er nun einmal ist. Ein Geschöpf der Natur. Zum wichtigsten Teil meiner Philosophie zählt wohl der Punkt der Achtsamkeit, dessen was mir das Leben ermöglicht. Mit anderen

Worten, achtsam darauf zu achten, was dem Planeten selbst inne wohnt. Ohne diesen würde ein Leben nicht existieren, also wäre ich auch nicht der, der ich nun mal bin und könnte auch nicht sein, wer ich sein soll. Konkreter gesagt, sieht meine Denkweise spartanisch aus und auch, wenn sie nach außen selbstgefällig scheint, ist der Hauptbeweggrund das genaue Gegenteil. Durch diese Erkenntnis, dass nur, wenn ich selbst mit mir im Einklang bin, bin ich überhaupt erst im Stande für andere bedingungslos da sein zu können. Wahrhaftig zu begreifen was dies bedeutet, ist nicht so einfach wie diesen Satz zu lesen. Schnell werdet ihr den Unterschied zu meiner Sicht im Gegensatz zur Sicht der Gesellschaft verstehen. Durch Entscheidungsfindung mit den oben genannten Kriterien, lebe ich in einem wesentlich stärkeren Einklang im Bezug zu meinem Umfeld, als es die Masse der Gesellschaft glaubt, wenn sie meine Meinung hört. Da auch mein Handeln so wenig Leute wie möglich tangieren soll. Wenigstens im direkten Ausmaß. Gleichzeitig achte ich auf meine Umwelt und nehme nur das, was ich brauche und gebe so viel zurück, wie es mir möglich ist. Jedoch ist auch bei diesem Handeln eine Grenze zu finden, dass man niemanden tangiert. Nicht nur nehmen kann das Handeln und Fühlen anderer beeinflussen und demnach tangieren, sondern auch das Geben. Nehmt euch gerne noch einige Male die Zeit, diese Zeilen erneut zu lesen. Im weiteren Verlauf füllen sich die ersten Aussagen zu meiner Denkweise, meinen Ansichten und philosophischen Betrachtungsweisen mit Inhalt und Leben.

Nun noch einen kurzen Einblick zu meiner Person selbst. Ich bin geboren am 14.12.1990 in dem schönen Städtchen Bielefeld. Hier habe ich begonnen meine

Lehre selbst zu erarbeiten. Ich machte meinen Abschluss, mittlere Reife, auf der Gesamtschule Stieghorst. Begann dann eine Lehre, die ich abbrach, um die Ausbildung am Berufskolleg für Gymnastik zu machen. Kaum dass ich fertig war, begann ich als Tanzlehrer an einer Tanzschule zu arbeiten. Ich umging den Wehrdienst und verlor mein Dach über dem Kopf, jedoch nicht zum ersten Mal. Um dieses Mal auf einen grünen Zweig zu gelangen, arbeitete ich als Animateur auf Fuerteventura und danach ging das Leben als Weltenbummler erst so richtig los. In meinem Lebenslauf stehen unzählige Berufe, Orte und Erfahrungen. Vom Rotlicht-Milieu über Handwerk, Logistik, Gastronomie, Leitung von Veranstaltungen, Sicherheit, Personenschutz und so weiter. Wahrscheinlich könnte ich mit meinem bisherigen Leben bereits einige Bücher füllen. Doch geht es mir nicht um mein privates Schicksal, sondern um das Anregen vom kritischen Denken innerhalb der Gesellschaft selbst. Mein Werdegang zeigte mir jedoch diverse Schwächen und manipulative Strukturen innerhalb des gesellschaftlichen Gefüges unserer Zeit. Also begann ich aus purer Leidenschaft heraus, etwas genauer hinter die Kulissen unseres Seins zu blicken. Und begann zu verstehen, warum mein kritischer Geist es in dem Narrativ der breiten Masse immer schwer haben würde. Daher beginne ich also mit dem Hinterfragen des Systems im Bereich der Bildung. Ein Bereich, der gerade bei uns Deutschen einer der wertvollsten und strukturerzeugenden Faktoren überhaupt war. Denn Bildung ist wohl mit die größte wertschöpfende Ressource der Deutschen.

Bildung

Bildung war einst die Ressource der Deutschen gewesen, auf der die gesamte Volkswirtschaft der Deutschen sich auch beruft. Durch patente und hohe Ingenieursbildung erlangte Deutschland eine sehr hohe wirtschaftliche Macht und konnte so zu dem wachsen, was es heute noch ist. Doch ist diese Bildung von damals bei weitem nicht mehr die, die sie heute noch ist. Aus Erzählungen von vielen Bekannten schätze ich den Beginn der Rückentwicklung unseres Bildungssystems Anfang der 1980er Jahre. Dort begann der Verfall unserer Bildung. Mit dem Schlechtstellen der Sonder- und Hauptschule und dem penetranten Denken „meine Kinder sollen sich nicht schmutzig machen, sie sollen ein besseres Leben haben", begann gesellschaftlich der Druck in Richtung Rückschritt dessen, was uns wachsen ließ. Das Preußische Schulsystem mit Sonder-, Haupt-, Realschulen und Gymnasien war effektiv und ermöglichte jedem einzelnen sein individuelles Potenzial zu optimieren. Sonderschulen ermöglichten auch denen, die nicht mehr als die Grundfertigkeiten im Schriftlichen oder Mathematischen erlangen werden, ein integratives Mitglied der Gesellschaft zu werden. Denn durch intensive Betreuung lernte man auch dort die Grundfertigkeiten des Hauswirtschaftens, sprich Basic der Finanzen, mindestens für den eigenen Haushalt und enorm viele handwerkliche Fertigkeiten. So konnten Sonderschüler auch als die sogenannten HiWis arbeiten. Hilfs-arbeiter, die den Handwerkern und Logistikern etc. zu arbeiteten. Man wusste auch den

Wert dieser Arbeiten zu schätzen und entlohnte diesen entsprechend. Die Hauptschüler sind unsere Bauarbeiter und Handwerker. Durch Grundkenntnisse im Technischen Zeichnen, ebenfalls viel Werkkunde, konnten sie die theoretischen Projekte der Architekten und Ingenieure perfekt umsetzten und praktische Erfahrungen mit einfließen lassen. Ebenso sind aus Lehrlingen erst Gesellen und dann meist Altgesellen oder Meister geworden und auch hier sind viele wohlhabende Menschen heraus gewachsen. Die Realschüler von damals sind unsere Kaufleute und Händler. Ohne diese hat kein Produkt seinen Weg zu den Kunden gefunden. Aber auch hier reichen mittlere Kenntnisse der Mathematik. Wichtiger sind wirtschaftliche Fertigkeiten sowie ökonomische Prinzipien zu verstehen. Doch dieses Wissen ist bei weitem ohne Studium oder Abitur zu erlangen. Und die kleinste Gruppe waren die Gymnasiasten. Dort sind unsere Ingenieure, Architekten, Ärzte etc. ausgebildet worden, doch waren die Anzahlen der Studienplätze im Verhältnis zur Gesamtbevölkerung um ein Vielfaches geringer als es heute der Fall ist. Mit anderen Worten, dort waren wirklich nur die, die auch ein hohes Niveau an Wissen und Intelligenz besaßen. Heute ist man ohne Abitur bereits Mensch zweiter Klasse. Was dazu geführt hat, dass Standards herunter geschraubt wurden, Systeme verschmolzen wurden und man auch das eigenständige Denken abgeschafft hat. Auch wenn es damals oft zwischen den „Klassen" oder auch „Schichten" Sticheleien gab, wusste jeder um den Wert des anderen. Ein Phänomen welches mir immer öfter auffällt, wenn ich mich mit jungen Studenten oder Schülern allgemein unterhalte. Was der Dozent sagt, ist das absolute Gro - das Ultimo. Sogar, wenn andere wissenschaftliche Erkenntnisse das Gegenteil belegen, werden diese jedoch nicht in den Unis oder Schulen gelehrt. Kaum ein Schüler ist heutzutage noch bereit das, was gelehrt wird, zu hinterfragen. Oft höre ich Dinge wie Bulimie-Lernen. Wissen hineinstopfen, Auswendiglernen und in der Prüfung auskotzen. Jedoch ist dort mein Verständnis von Bildung ein bedeutsam anderes. Wissen habe ich erst dann erlangt, wenn ich das, was ich versuche zu erlangen, auch verstanden habe und es mir gelingt, es in meinen eigenen Worten so wieder zu geben, dass andere begreifen worum es geht. Vorher kenne ich etwas vielleicht auswendig, doch verstehen tue ich es noch nicht. Ebenfalls vernehme ich von Dozenten, Lehrern oder Ausbildern heutzutage immer öfter den Satz „Du musst das nicht verstehen, sondern einfach nur machen." Doch warum? Warum sollte ich mein eigenes Handeln nicht verstehen und stattdessen einfach stumpf handeln? Im Preußischen System wurde das Hinterfragen und kritische sowie selbstständige Denken noch gefördert. Nur wer kritisch bleibt und Dinge hinterfragt, ganz gleich von wem es kommt, kann dazu beitragen Fehler zu verringern oder Optimierungen zu finden. Dann stellt sich mir doch die Frage, wo genau es eine Optimierung war selbstständiges eigenverantwortliches Denken bereits im Schulbetrieb heraus zu rationalisieren. Durch das Zusammenführen der Sonder- und Hauptschulen wurden dementsprechend auch die Sonder- mit den Hauptschülern vermischt. Das bedeutet doch bereits dort, dass der eine Teil immer unter- oder der andere überfordert wird, wenn nicht sogar eine Mischung aus beidem, was unausweichlich zum Abbau von Qualität der Fertigkeiten und des Wissens führt. Der propagandierte Vorteil lautet „Die besseren Schüler sollen den schlechteren helfen. So soll eine stärkere soziale Gesellschaft entstehen." Mir stellt sich da die Frage: sollen Schüler nun Lehrer sein oder einfach nur Schüler, die etwas für ihre Zukunft lernen sollen? Der propagandierte Vorteil wirkt für mich eher wie etwas Negatives. Der Sonderschüler erhält nicht mehr die optimale Förderung, um in seinem späteren Leben einen leichteren und effektiveren Start hinlegen zu können. Ebenfalls lernt er nicht den Wert dessen, was er leisten kann zu verstehen. Da beginnt also schon eine Art Werteverschiebung auf gesamt gesellschaftlicher Sicht, in eine negative Richtung der weniger geistig begabten Menschen der Gesellschaft. Anstatt ihnen zu lehren, ihre individuellen Fertigkeiten zu nutzen, machen wir ihnen weiß, dass sie mit genug Anstrengung dasselbe Niveau derer erreichen, mit hohen geistigen Leistungsfähigkeiten. Dabei ist es sinnvoller ihnen zu zeigen, dass sie ihre körperlichen Fertigkeiten nutzen sollten, denn diese sind meist besser als die derer mit hohen geistigen Fertigkeiten. Hier bemerkt man doch im Grunde genommen, dass das Prinzip von Gleichstellung der Gesellschaft ein von Grund auf verzehrtes Weltbild ist. Menschen sind eben Individuen mit unterschiedlichen Talenten und auch Schwächen. Und erst die Zusammenführung eben dieser Schwächen und Stärken mehrerer, führt zu einer starken und wohlstandsbringenden Gesellschaft. Dazu kommt der psychologische Aspekt durch Überforderung oder Unterforderung von Schülern, welcher sich im Ganzen eher negativ auf das weitere Leben auswirken wird als positiv. Der ständig überforderte Schüler wird sich zunehmend als unzureichend in der Gemeinschaft wahrnehmen und sich minderwertig fühlen. Klar ist eine solche verzehrte eigene Wahrnehmung für andere wesentlich einfacher zu kontrollieren und zu steuern, als Jemand, der gefestigt ist und seinen eigenen Wert kennt. Der ständig unterforderte Geist stellt die Intelligenz der Masse oder auch das Gefüge an und für sich selbst in Frage oder schaltet ab und wird zum Störenfried, der mit Beruhigungstabletten still gehalten wird, Stichwort „ADHS". Dann kam die Gesamtschule der absolute Angriff auf die qualitative Bildung im deutschen System. Was hat man nun getan um denselben angeblichen sozialen Verstärkungsprozess zu erzielen? Abiturienten, Realschüler mit Haupt- und Sonderschülern vermischt. Egal, wie ich es drehe und wende, das Resultat wird zwangsläufig Abnahme an Bildungsstandards sein. Denn weder sind die Abiturkandidaten dafür geeignet Werkkunde zu erlernen, noch ist der Sonderschüler im Stande hohe Mathematik zu begreifen. Auch der Versuch über Erweiterungskurse die Spreu vom Weizen zu trennen, nimmt drastische Eingriffe auf die Psyche der Kinder vor. Jemand, der nur in Grundkursen ist, wird in diesem System systematisch und kontinuierlich gehänselt. Im Gegensatz dazu sind in Hauptschulen alle auf einem Level und sie lernen mit Gleichgesinnten, ihren Wert in der Gesellschaft zu verteidigen und wissen, dass sie nicht alleine sind. Da stellt sich doch die Frage, warum wird nicht jedem gelehrt „verstehe dich selbst, finde deine Stärken und baue diese zu den bestmöglichsten Fertigkeiten aus. Und bei deinen Schwächen - gestehe sie dir ein. Denn andere helfen dir dort aus, wo du nicht weiter kommst, da du den anderen mit deinen Expertisen ebenfalls aushilfst." Sprich ein eigenverantwortliches hilfsbereites System in dem man die Wichtigkeit des anderen versteht, auch wenn man gerne mal gegenseitig übereinander herzieht. Doch wenn es drauf ankommt, funktionieren diese Gruppen am besten. Der Beweis, den ihr nun sehen wollt? Schaut euch den Wirtschaftserfolg der Deutschen mit der Ressourcenbildung an. Wissen und Fertigkeiten waren weltweit anerkannt und begehrt. Warum haben wir begonnen dieses einfache Prinzip des kritischen Hinterfragens in Frage zu stellen und zu bekämpfen? Wem nützt es? Wem bringt es etwas, dass heutzutage jeder Depp ein Abitur schafft? Ist dieses Abitur dann überhaupt noch etwas wert? Sind Leute, die maximal zu einem Hilfsarbeiter reichen etwas wert? Die glauben, Meister werden zu können oder glauben ein Hiwi ist etwas Schlechtes? Warum werden eigentlich positive Dinge so stark moralisiert und negativiert? Für eine angebliche soziale Gerechtigkeit. Ist diese Gerechtigkeit der Gleichstellung aller dann wirklich Gerechtigkeit?

Betrachten wir doch einmal die Veränderung der Studiengänge an unseren Universitäten. Von damals zu heute. Wie viele wert- bringende Studiengänge gab es und wie viele sinnfreie Studiengänge, die ausschließlich moralische Werte behandeln, sind Existenz gewesen und wie ist es heute? Die Anzahl an Gender, Emanzipation oder diversen anderen wertfreien Studien, die in den letzten Jahren dazu gekommen sind, sind enorm. Wertschaffende Studien bedeutet, jeder Studiengang, aus dem ein wahrer wirtschaftlicher Mehrwert entstehen kann. Studiengänge, die der Gesellschaft vorgeben wollen, welche Sprech-Art akzeptabel ist, sind vermessen und vor allem im allgemeinen nicht wertschöpfend, sondern zehren ausschließlich an den wertschöpfenden Leistungsträgern der Wirtschaft ohne jedoch selber einen im weitesten Sinne werterzeugenden Vorteil mit einzubringen. Da stelle ich liebend gerne die Frage in den Raum, ob es dann wirklich sinnvoll ist, solche Studien zu fördern und einen großen Anteil an Leistung in unserer Gesellschaft einzuräumen? Beantwortet euch diese Frage gerne selbst. Ist es euch wert, für eine eventuell anmaßende Betitelung weniger, den gesamten wirtschaftlichen Bestand und damit Grundversorgungen aufs Spiel zu setzten? Langfristig gedacht wird es nämlich unausweichlich eben genau dazu führen, wenn der Anteil nicht wertschöpfender Arbeiter in der Gesellschaft so stark ansteigt, dass die Wertschöpfenden diese nicht mehr mittragen können. Und somit einen Verfall der Kultur und aktuellen Gesellschaft injizieren.

Auch andere Bereiche, wie die Scheingesellschaft im Rahmen von Zertifikaten, die eine Aussage über die Fertigkeiten einer einzelnen Person aussagen, war wohl am Anfang etwas, das uns einen weltweiten Ruhm eingebracht hatte. Doch auch hier bemerkt man zunehmend einen drastischen Abfall der Leistung hinter den Zertifikaten. Durch die Verschiebung der Bildungsstrukturen sind immer weniger talentierte Leute bereit ihr körperliches Talent zu nutzen, da es ihnen einerseits schlecht geredet wurde, seit klein auf an. Anderseits wurde schon in den Anfängen ihrer selbst, das in ihnen schlummernde Talent missachtet und nie ausreichend genug gefördert, was zu einem Verlust an Zeit im Optimieren ihrer eigenen Talente führt. Und das aus der Annahme, dass körperliches Leisten etwas Schlechtes und Minderwertiges ist. Woran ich dieses Urteil fälle? Fragt doch mal in eurem Bekanntenkreis, ob sie gerne zugeben, wenn ihre Kinder bloß einen Hauptschulabschluss machen. Dabei könnten sie mit erhobenen Hauptes behaupten, welch großes handwerkliches Talent in ihren Kindern schlummert und dass sie mal angesehene Handwerker werden können. Aber nein. Diese Zukunft wird immer zunehmender in der Gesellschaft als minderwertig und nicht strebsam eingestuft. Mit der Folge, dass die Zertifikate immer weniger mit Leistungsträgern gefüllt werden, sondern immer öfter unqualifizierte Leute ohne Herzblut diese erhalten. Auch in anderen Bereichen sind Zertifikate meist einfach gegen ein Entgelt zu erhalten, ob nun in den Gesundheitsbereichen Sport und Fitness. Aber auch unter Politikern ist es bereits weit verbreitet sich Titel zu kaufen. Ich denke jeder, der genauer sucht, wird fündig werden oder kennt bereits Fälle, wo Doktortitel aberkannt wurden und dennoch stehen diese Politiker in Amt und Würden. Fragt euch das selbst, ob solche Betrügereien in den 80er Jahren anstandslos hingenommen worden wären. Doch daran erkennt man die derzeitige Moral der Gesellschaft und unserer Führungs- kaskade, dass sie schamlos so tun, als ob dies doch gar nicht so schlimm ist. Eben dieses Verhalten findet sich auch im kleineren Rahmen wieder. Es führt allerdings dazu, dass das Ansehen unserer Scheine und Zertifikate weltweit an Anerkennung und Ruhm verlieren.

All dies führt zu sinnlosen Bildungsgängen, die „vor" können und Talent stehen. Zertifikate, die erkauft werden. Anstatt, dass ausschließlich bedingungsloses Können davon abhängt, ob ich es erreiche oder nicht. Was hat dieses Phänomen noch mit einher? Den Verlust von Ansehen und Ruhm der Gesamtgesellschaft in der restlichen Welt. Und was ist an einem Hauptschulabschluss, wo viel Werkkunde und technisches Denken, so wie viele praktische Fertigkeiten gefördert werden, so schlecht? Jemand, der zwei goldene Hände hat, kann doch genauso daraus ein strebsames und vor allem erfülltes Leben leben. Wenn jedoch die Gesellschaft bereits von klein auf an den Kindern suggeriert, dass man nur mit einem Abitur und einem Studium etwas Brauchbares werden kann, strebt dies auch niemand mehr an. Zu was hat dies geführt? Im Großen und Ganzen ist das deutsche Qualitäts-Handwerk ausgestorben. Die Handwerksbetriebe verzeichnen immer weniger brauchbaren Nachwuchs. Gleichzeitig sind die Universitäten überlaufen mit Studenten, die immer weniger im Stande sind eine gut artikulierte Konversation zu führen. Die Management-Studienplätze sind um ein vielfaches höher, als dass es überhaupt so viele Managementplätze auf dem Arbeitsmarkt gibt. Dazu kommt, dass die Qualität unserer Denker drastisch abgebaut hat, da dort eben im Grunde gute Handwerker oder Kaufleute sitzen, aber eben keine sehr starken Denker und Leute mit sehr hoher geistiger Leistungsfähigkeit. Was nicht als Angriff zu werten ist, sondern eher so zu betrachten ist, dass das Verständnis, was mich erfüllt und was in der Gesellschaft strebsam ist, sich in eine sehr destruktive Weise verschoben hat. Wenig Handwerker und gleichzeitig viele Bremsen im hohen Bildungsfaktor. Bei aller Liebe, dies kann auf lange Sicht kein produktives Zukunftsszenario erzeugen. Was denkt ihr? Seht ihr dies anders? Und wer nun argumentiert, dass unsere Jugend auch gar nicht mehr leistungsfähig sei, na da stelle ich doch mal die Frage, woran könnte dies liegen?

Daran, dass ich körperlich Aktive, mit Tabletten ruhig stelle oder geistig Überforderte mit viel zu starken theoretischen Leistungsfragen malträtiere? Oder, dass ich am laufenden Band hoch Intelligente ausbremse und somit die Innovationsfähigkeit einer Gesellschaft drastisch reduziere? Wie ihr seht, beginnt es nicht bei den Symptomen unserer Zeit, sondern bei den Ursachen und diese sind in diesem Fall der Bildungsebene nun mal nicht die Kinder und Jugendlichen, sondern wir

Erwachsenen, die Strukturen verändern um es den Kindern augenscheinlich leichter und schöner zu gestalten. Es bleibt die berechtigte Frage, ob man im Rahmen dessen, den Kindern nicht mehr schadet und Zukunftsperspektiven zerstört, als dass man diese im weitesten Sinne schützt und ihnen die bestmöglichen Startbedingungen in ihren weiteren Werdegang bietet.

Selbstredend muss man auch die Argumente der anderen Sicht sich zu Gute führen. Doch meist wird den Meinen nur entgegnet, dass dies zu teuer wird und das Schulsystem nicht rentabel ist. Oder es gab nicht genügend Lehrkräfte oder durch den demographischen Wandel waren eine Zeit lang zu viele Plätze belegt oder, oder, oder. Es ist doch hier eine Frage von politischer Ausrichtung, wie ich mit einer kritischen sozialen Situation, die nun mal zukunftsweisend ist, umgehe. Man hätte den Bildungssektor stärker fördern können, dafür in anderen Bereichen die Bevölkerung mit mehr Eigenverantwortung haushalten lassen, so wären definitiv genügend Gelder vorhanden gewesen. Dies hätte aber bedeutet, der Ausbau an staatlicher Macht wäre nicht so stark voran geschritten. Es gäbe weniger Ministerien. Damit nicht so viele Versorgungsposten für ausrangierte Politiker, die in unserer Wirtschaft wahrscheinlich niemals Fuß fassen würden. Es ist also eine Frage der Verteilung von Steuergeldern und wie stark ein Staat werden sollte. Nun gut. Dies würde dann wohl hier zu einer Grundsatzdebatte über Machtanteil der Regierung in der Gesellschaft führen. Zu diesen spezifischen Thema komme ich später noch einmal, da dies federführend für den Verfall dessen, was uns einst hat wachsen lassen, werden wird. Jedoch hat mir der Blick auf diese Thematik schnell etwas im Allgemeinen begreiflich werden lassen. Ich stellte mir für mich selbst die Fragen. Welche Bereiche sollten durch Regierung geregelt und stark kontrolliert werden und welche wollen wir der liberalen Wirtschaft selbst überlassen. Mit anderen Worten, dem Streben der Gesellschaft als solches. Hier kommen wir zum ersten Mal an den Punkt, an dem ich in meinen Überlegungen begriff, dass unser aktuelles System sich in eine Richtung manövriert hat, aus der es ohne große Verluste und Einstriche nicht mehr heraus geraten wird. Eine gänzliche Umstrukturierung der Gesellschaft, in der der Staat in seiner Größe wesentlich beschnitten werden würde, würde zu gleichen Anteil bedeuten, dass bevor eine Stabilisierung der Gemeinschaft erfolgt, eine große Pleite und Armut über uns hinein brechen würde. Und dennoch ist es unausweichlich sich über neue Strukturen Gedanken zu machen. Denn wie oben bereits erwähnt und das nur bei einem Faktor, sind auch hier Grenzen unserer aktuellen Struktur gesetzt, bei denen ein akuter Zusammenbruch eintreten wird. Dies hat zur Bedeutung, unabhängig der Argumentation, der Finanzierung oder des Mangelns der Eigenverantwortung in der Gesellschaft, selbst darzulegen, warum der bisherige eingeschlagene Weg der zukunftsweisende sein oder bleiben sollte, wenn er uns doch bei genauerem Betrachten, unseren Wohlstand, unsere Stärke und damit unser Leben raubt, anstatt uns zu bereichern? Hieraus resultiert die Fragestellung: Wirtschaft versus Regierung. Dazu komme ich allerdings erst später. Viele Faktoren unserer gesellschaftlichen Struktur werden uns wieder zu eben dieser Frage führen. Um sich dessen bewusst zu werden, wie fundamental diese Frage werden wird, sollten wir uns noch einmal mit unserer eigenen moralischen Selbstwahrnehmung auseinander setzen.

Der Mensch, der ich bin! Die Frage von Liberalität, Moralisierung und dem Verständnis von Gut und Böse.

Bin ich das, was ich sein will?

Bin ich das, was ich sein soll?

Oder bin ich einfach nur ich, ohne zu wissen was ich bin?

Mein Kopf ist voller Wissen und doch so voller Leere. Wer bin ich? Was mache ich und warum bin ich, so wie ich bin, nicht gut genug?

Doch je tiefer ich in den Spiegel meiner selbst blicke, umso mehr hasse ich das, was ich erblicke. Warum ist es nur so schwer der zu sein, der man sein will?

Was macht das aus? Was macht mich zu dem, der ich gerne wäre?

Warum bin ich nur so alleine mit dem, der ich sein will?

Warum ist es so falsch der zu sein, der man sein möchte?

Was macht mich zu einem schlechteren Menschen, nur weil ich so bin wie ich sein möchte oder versuche so zu sein?

Mache ich mich selber zum schlechteren Menschen, weil ich der bin, der ich nun einmal bin?

Belüge ich mich selber, wenn ich mal nicht der bin, der

ich sein möchte?

Hintergehe ich mich selbst, wenn ich nicht zu dem stehe, wer ich sein möchte? Warum bin ich hier?

Ist es so verkehrt nicht das zu sein, was die Gesellschaft von einem erwartet, was man sein sollte?

Ist es wirklich der leichtere Weg der zu sein, der man sein möchte?

Ist es Dünnbrettbohren nicht so zu sein, wie die Gesellschaft es vorsieht wie man zu sein hat?

Bin ich der Böse, weil ich anders bin als die anderen?

Bin ich schlecht, weil ich bin wer ich bin und das nicht das ist, was die Gesellschaft erwartet?

Ich kann nur für mich selber sprechen und maße mir keinerlei Urteil über andere an. Und ja, ich weiß, dass ich mich für das, was ich mir selber als Antwort geben muss, nur noch umso mehr verachte. Ich bin der, der ich sein will. Wann ich es sein will. Genauso wie ich der bin, der ich nicht sein will und auch manchmal bin ich einfach ich, ohne zu wissen, wer genau ich bin. Stellt ihr euch auch ab und an diese Fragen? Nun ich bin der Meinung, dass jeder sein sollte wer er zu sein vermag. Doch wichtig ist auch, zu dem zu stehen, der man zu sein vermag. Es ist nichts Verkehrtes, die Ansprüche anderer nicht zu erfüllen, doch die eigenen sollten des jeden einzelnen Maßstabs sein. In der Buddhistischen Lehre geht es primär um die Lehre über einen selbst. Finde heraus was es bedeutet du selbst zu sein. Tue dies achtsam und nehme dich und dein Handeln stets bewusst wahr. Doch was ist mit den Dingen, die wir versuchen zu erreichen? Was sind unsere gesellschaftlichen Maßstäbe und vor allem, was treibt uns an? Nun, da kann ich lediglich verallgemeinert sprechen oder für meine eigene Person aus meiner eigenen individuellen Sicht heraus urteilen. Im weitesten Sinne sollte jeder zunächst sich selber lernen zu akzeptieren. Meine Erfahrung ist, dass wir uns gerade in diesem Punkt am häufigsten selbst belügen. Unsere eigenen Werte sind oft nicht unseren Taten entsprechend. Dies ist ein Erzeugnis der Gesellschaft, in der durch Kommunismus und sozialisiertem Kapitalismus, Ansehen durch Macht und Titel verliehen werden. Warum ich sozialisierter Kapitalismus sage und nicht Kapitalismus allein stehen lasse, erläutere ich im nächsten Kapitel. Je wichtiger einem selbst gesellschaftliche Anerkennung ist, umso mehr leitet einen die Gesellschaft im Denken und vor allem im Handeln. Meist weichen Gedanken und Handeln stark voneinander ab. Dies liegt daran, dass das individuelle Handeln stärker durch die Gesellschaft geprägt wird, als das individuelle Denken. Gedanken sind in erster Linie nicht sichtbar. Taten und Handlungen sind sichtbar und demnach auch wert bar. Nur wer sich traut durch seine Handlungen seine Gedanken preiszugeben, wird im Stande sein, wahrhaftig zu sein. Jemanden wie mir, dem Wahrhaftigkeit das höchste Gut ist, hat es in der heutigen Welt nicht leicht, da Lügen, Intrigen und Unwahrheiten die Leitkultur der Gesellschaft prägen.

Warum das Lügen zum Leitkult gehört.

Lügen und Unwahrheiten sagen sind wohl die Dinge, die jeder von uns bereits getan hat. Dies ist auch von der Gesellschaft genauso gewollt. Es ist den meisten wichtiger dem gegenüber zu gefallen und nicht in Missgunst zu fallen. Dafür verschweigen wir Tatsachen, erzählen kleine Schwindeleien oder schüren Pläne, die uns besser dastehen lassen, als wir es eigentlich tun. Die Wahrheit selbst kann und tut meistens weh. Kaum jemand mag diese hören oder möchte mit ihr konfrontiert werden. Weder direkt noch indirekt. Die Notlüge nutzen wir, um das Gegenüber vor Schaden zu schützen, von dem wir ausgehen, ihm zu zufügen, wenn wir die volle Wahrheit nennen. Doch betrügen wir damit nicht nur unser gegenüber, sondern wir verraten uns selbst. Bis zu einem gewissen Maß ist dies wohl auch keineswegs schlimm. Jedoch kommt schnell der Moment, an dem eine Grenze überschritten wird und bei dem das Aufklären der Unwahrheiten mehr zerstören wird, als hätte man von Beginn an die Wahrheit ausgesprochen. Doch nicht nur der Schutzgrund anderer ist einer, der uns zum Lügen treibt. Der wesentlich größere Faktor ist das Verbessern unserer Position vor anderen selbst. Mit anderen Worten reiner Selbstnutzen treibt uns zum Lügen. Durch die Wahrheit könnte jemand anderes negativ über einen selbst denken und sich distanzieren, da ihm oder ihr die Wahrheit nicht gefällt. Dies gilt auf privaten so wie beruflichen Ebenen. Wahrheit kann unausweichlich zu Repressalien führen, von denen wir vorher bereits wissen. Doch warum ist dies so? Warum ist dies auch in einer angeblich liberalen Gesellschaft so? Nun, dazu muss man wissen, dass die individuelle Sicht von liberaler Sicht eine weitaus andere ist, als die der Gesellschaft oder politischer Liberalität. Menschen, die es immer wieder stark betonen wie liberal sie sind und andere dazu zwingen ihre Sicht, da sie doch tolerant ist, ebenfalls anzunehmen, sind meistens die intolerantesten und UN-liberalsten Menschen, die euch begegnen können. Die Gründe für das Verbessern der Wahrnehmung seiner selbst vor anderen, kann die unterschiedlichsten Gründe innehaben. Von beruflichen Aufstiegsmöglichkeiten, über Erobern einer Partnerin oder eines Partners, bis hin zu der bloßen Gier nach hohem Ansehen und Aufmerksamkeit durch andere. Dabei zählt das Narrativ der Gesellschaft, gibt vor wie du zu sein. Hast um Ansehen, Macht, Ehre, Beliebtheit usw. zu erhalten. Also sei so wie die Gesellschaft es vorgibt und du erlangst den dir höchsten Rang in der Gemeinschaft, der dir ermöglicht wird. Und eben diese Verschiebung von Möglichkeiten, das Gewünschte zu erlangen, passt sehr oft nicht mit den individuellen eigenen Wahrheiten überein. Was folgt logischerweise? Richtig! Die Lüge, die zum Leitkult wird. Wir werden dahingehend erzogen, für das Wohl der Gesellschaft die Wahrheiten, die der Gesellschaft nicht gefallen, zu verschweigen, umzuwandeln, zu erschwindeln oder zu verschweigen. Dieses Verhalten hat jedoch auf jeden individuell sowie auch auf die gesamte Gemeinschaft einen veränderungsreichen Einfluss. Dieser Einfluss kann positiv aber auch negativ sein. Da sei zu beachten, dass die Grenzen der Auslegung, ob etwas positiv oder negativ ist, sehr eng und oft ineinander verwoben sind. Auch hier stellt euch bitte selber die Frage, ob ihr es für wahrhaftig haltet, dass Lügen und Vertuschungen von

Wahrheiten, der richtige Weg sind oder ob es nicht sinnvoller wäre, ehrlich und wahrhaftig seine Wahrheiten auszusprechen. Auch wenn dies zu Nachteilen für einen selbst führen kann, aber in der Gemeinschaft zu Stärkung und Zusammenhalt führen wird.

Kommen wir nun einmal zu der Betrachtung der Liberalität, die ja an und für sich als Leitkult unserer Nation gilt. Denkt beim Lesen stets daran, dass dies meine Sichtweisen sind, die ich mir durch kritisches Hinterfragen und Debatten mit Menschen aus den unterschiedlichsten Spektren erarbeitet habe. Liberalität bedeutet nicht die Meinung eines anderen anzunehmen, es heißt lediglich dem anderen seine Meinung zu lassen. Diese zu akzeptieren und bereit zu sein bei Themen, die beide tangieren, eine gemeinsame Lösung, die beide Sichtweisen vereinbart, zu finden. Diese Art der Liberalität ist oft im konservativen Spektrum der politischen Positionen zu finden. Die sozialistische kommunistische, sprich linke, politische Seite definiert meist eine vorgetäuschte Liberalität, Sie erzwingt anders Denkenden ab, sich dieser Sicht zu beugen, denn sie sind nahezu gar nicht kompromissbereit. Liberalität hat also mehrere Bedeutungen, was es schwer macht bei einem Thema bloß eine Meinung zu erhalten. Dazu kommt die prozentuale Auslegung der Liberalität. Niemand ist im Stande zu 100 Prozent liberal zu sein. Jeder hat gewisse Punkte und Einstellungen in seinem Leben, die er sich niemals absprechen lassen wollen wird. Wie kann man nun also nach großer Liberalität streben? Nach etwas, dass noch nicht einmal eine eindeutige Definition in der breiten Masse der

Gesellschaft erfährt. Nun mein Ansatz ist es, die Reindefinition des Wortes zu suchen, um das Eigentliche zu verstehen ohne durch moralisierten Einfluss manipuliert oder geleitet zu werden. Wie würdet ihr Liberalität, **ohne jede moralische Wertung,** definieren? Ich würde es ähnlich wie oben definieren. Das wertfreie Zulassen unterschiedlicher Sichtweisen auf ein und dasselbe Thema, um eine freie oder jeden integrierende Lösung für das vorgegebene Thema zu finden. Vielleicht findet ihr eine andere treffendere Definition. Doch gehen ich jetzt mal von meiner aus, die so objektiv wie es mir möglich ist, gestaltet ist. Wie kann es dann überhaupt sein, dass in einer liberalen Gesellschaft, die von sich behauptet die Liberalität als Leitkult inne zu haben, es zu einer Gesellschaft kommt, in der offensichtlich das Aussprechen eigener Wahrheiten und das Lügen und Intrigen schmieden wohl wahrscheinlicher der Leitkult ist? Nun, da sehe ich zum einen die Politik, die Wirtschaft und das Volk in der Bringschuld. Es wäre durchaus einfach zu sagen, dass eine gewisse politische Seite der Sündenbock ist oder dass die Wirtschaft der Verbrecher sei oder das Volk zu dumm ist Zusammenhänge zu verstehen. Und dennoch treffen all diese Aussagen zu einem gewissen Teil zu. Jedoch unterscheide ich hier. Es ist nicht so einfach zu definieren, wer oder welche Gruppierungen schuldig sind. Doch anhand der Betrachtung der Liberalität ist es offensichtlich, dass der, der die Liberalität wahrhaftig lebt, nicht der aktive Treiber der Wertverschiebung ist. Jedoch ganz eindeutig der Passive, da eher nichts und wenn erst viel zu spät dagegen unternimmt. Also blicken wir auf den Nutznießer von liberalen Leitkult-Kulturen. Es sind die Feinde dieser Strukturen, die dazu auch noch gerne lügen und falsche Spiele spielen, um ihre eigentlichen

Ziele zu integrieren. Ich versuche dies so wertfrei wie möglich zu formulieren. Da ich keine einzelnen Menschen damit verurteilen möchte, noch dass ich mir das Recht herausnehme zu sagen, dass eine weniger liberale Anschauung nicht ebenso eine Berechtigung in der breiten Masse erlangen. Doch sollte man sich bewusst sein, zu welchen Strukturen weniger liberale Konstrukte meistens führen. Dazu blicken wir auf Monarchien, auf imperialistische Systeme, auf Diktaturen, auf kommunistische Reiche. All diese sind wenig liberal, können dennoch funktionieren und auch wertschöpfende Reiche hervorbringen. Doch sollte man sich bewusst sein, was dies für die individuelle Liberalität bedeutet. Und nun der wohl interessanteste Punkt meiner Überlegungen. Warum eine Werteverschiebung in einer Gesellschaft zu einem Zerfall einer gesamten Hochkultur führen kann und mit großer Wahrscheinlichkeit wird.

Doch aller Anfang ist schwer und jedes Ende wohl noch um einiges schwerer zu akzeptieren. Selbst die Ewigkeit hatte einst einen Anfang und wird ein Ende haben, welches das unsere Bewusstsein um ein Vielfaches überschreiten wird. Wie kann jetzt also die Verschiebung von der Liberalität zu einem negativen Ereignis in einer Gesellschaft führen? Wie zum Beispiel zu einem Zerfall?

Stellt euch vor, wir sprechen nicht von unserem System, sondern ganz allgemein von einer gesamten Struktur. Jedes Zahnrad, jeder Baustein wurde so konstruiert, dass dieses System auf den Grundwerten wächst und stärker wird. Nun verschieben sich diese Werte auf dem diese Struktur aufgebaut ist. Was bedeutet das, unabhängig davon um was für Werte, um was für eine Struktur es sich handelt. Die Bausteine sowie Zahnräder sind nicht mehr passend dem

Wertekanon der neuen Leitkultur. Je fundamentaler also die Verschiebung der Werte, umso fundamentaler die Erschütterung im System. Werden diese Erschütterungen zu massiv kann das Fundament beginnen zu bröckeln und es zerfällt in sich, um Platz zu schaffen für das neue System. Ist die Verschiebung bloß gering, wechseln bloß die obersten Schichten der Struktur, aber funktionieren und nutzen nach wie vor das Fundament. Einfach gesagt ist das Fundament liberal und die neue Struktur basiert auf Kommunismus, Kontrolle und Machtkonzentrationen, wird das Fundament unbrauchbar für das neue System, da es immer wieder zu Störungen führen wird, mit denen es gilt zu haushalten. Dies ist weder sinnvoll für das neue System noch für das alte, denn das bedeutet langfristiges Chaos, zerstrittene Massen und Krisen in der sozialen Zwischenmenschlichkeit noch und nöcher. Aus eben diesem Grund ist es so enorm wichtig zu begreifen, worauf das Fundament einer Gesellschaft aufgebaut ist und in welche Richtung wir uns bewegen. Daher ist mein Appell eher an die wahrhaften Liberalen gerichtet. **„Lasst euch nicht von den UN-liberalen, die bloß eine Scharade spielen, die Butter vom Brot nehmen."** Auch wenn jede andere Form der Gesellschaftsstruktur seine Berechtigung hat, ist die aus meiner Sicht freieste und für den Bürger attraktivste, im Sinne der Selbstbestimmtheit, eine liberale Gesellschaft. Doch sind wir dies bereits seit langem nicht mehr. Entgegen all derer, die anderes behaupten. Dazu stellt euch die Frage mit der Definition von Liberalität. Existiert diese noch in unserer Gesellschaft oder ist es eher der Fall, dass wir uns Pseudo-Liberalität aufzwingen lassen müssen und jede sachliche Argumentation, die der Gegenseite nicht passt, als moralisch verwerflich dargestellt wird und damit negiert und verbannt wird von jeglicher Debatte? Bitte beantwortet diese Frage für euch selbst und formt euer eigenes Handeln an Hand eurer eigenen Antwort.

Ein Zerfall läutet das Ende des einen und den Beginn des Neuen ein. Wir stehen also nun wieder vor einem solchen Ereignis. Unsere Gesellschaft ist drauf und dran ihren eigenen Zerfall in die Wege zu leiten. Warum ich diese Sicht habe und warum ich überhaupt an derartige Themen interessiert bin, erläutere ich in diesem Buch Stück für Stück. Das Auseinandersetzen mit dem Leben selbst, mit dem Verständnis der Dinge und dem Begreifen des wahren Seins, ist es was mir diese Sicht der Welt, die ich innehabe, erblicken ließ. Die Grundsätze meiner Philosophie sind es zu akzeptieren, dass es weder gut noch böse oder falsch und richtig gibt. Und genau da ist die größte Verschiebung der Liberalität. Jedem, dem ich meine Art des Lebens näherbringen möchte, erkläre ich zunächst eben dieses Verständnis. Und auch wenn der Satz schnell verstanden wird, ist die fundamentale Bedeutung dessen noch lange nicht in seinem vollen Umfang greifbar. Also stelle ich die Frage in den Raum „Was bedeutet gut?" „Wie ist die Definition von dem zu handelnden Wort gut?" Bevor ihr weiter lest, nehmt euch einige Augenblicke Zeit, dies für euch zu verarbeiten und eine Antwort für euch selbst zu finden.

Meine Definition des Wortes „gut" lautet wie folgt. **„Der mehrheitliche Tonus innerhalb einer Gesellschaft der als strebsam positiv erachtet wird, beschreibt das handelnde Wort gut."** Nun wenn dem doch so ist, ist dann nicht eben dieses Wort bloß eine Variable, die abhängig ist, von den minimalen Mehrheitsansichten in einer in sich stetig verändernden

Gesellschaft? Doch genauso ist es. Die Wörter gut, schlecht, böse, falsch und richtig sind alles Wortschöpfungen von uns Menschen, dessen Bedeutungen sich ändern wie die Fahnen im Wind. Es gibt kein konstantes strebsames Gutes. Wer dem seinen Glauben schenkt, übersieht die Wahrheit der Realität. Und dennoch liegt diese Person im Allgemeinen nicht falsch, denn man nimmt sich dem Narrativ bloß an und definiert diese Worte im zeitlichen Zusammenhang korrekt. Doch im weiteren entfernten Blick begreift man eventuell, dass sein eigenes richtiges Handeln für sein gegenüber falsch ist und umgekehrt. Lasst dies kurz auf euch wirken oder lest es euch noch einige Male durch, um die Bedeutung hinter diesen einfachen Aussagen zu verstehen. Denn eben diese Aussagen sind ausschlaggebend für die Einleitung eines Zerfalls einer Hochkultur. Je mehr sich ausschließlich auf das zeitlich nahe Narrativ berufen, umso leichter fällt es mir diese Gruppe im strategischen Sinne zu manipulieren. Auch hier sollte sich niemand angegriffen fühlen, denn mit dem Wort Manipulation geht nicht ausschließlich Negatives einher. Durch eine strategische Manipulation sind ein Staat, eine Firma oder auch einzelne Machtstrukturen in der Lage, die Gesellschaft umzuformen ohne dass sie einen starken Gegenwind oder eben bloß einen, der sich recht leicht im Keim ersticken lässt, zu erzeugen. Somit kommen wir hier auch wieder auf die Bildungsebene zurück. Je kritischer ich meine Jugendlichen und Kinder erziehe, umso weitsichtiger und nicht bloß auf den naheliegenden Narrativ gerichteten Gedanken blickend, erzeuge ich in der Gesellschaft eine schwer zu manipulierende Schicht. Dieses Erzeugnis einer durchaus schwer zu manipulierende Bevölkerung wäre je nach Agenda einer Machtstruktur gewünscht oder eben nicht gewünscht. Zu denken sollte geben: Wenn die Macht bei dem Volke liegt, ist das Interesse an einer starken kritisch denkenden Bevölkerung sehr hoch. Denn man tut gut daran, über eigenverantwortliches Handeln und gegenseitiges Integrieren, ein starkes und stabiles Fundament zu errichten, auf dem die Gesellschaft wachsen kann. Je unkritischer man ist und je weniger Eigenverantwortung vorhanden ist, liegt das Interesse der führenden Kaskade nicht mehr daran, dem Volk selbst Macht zukommen zu lassen, sondern eher im Gegenteil. Dieses manipulativ zu lenken, zu leiten und zu kontrollieren, um ihre eigene Agenda mit aller Wucht voran zu treiben. Je konzentrierter eine Macht ist, umso leichter ist die Manipulation und Lenkung auch auf den Machtinhaber, da niemand sich als unempfänglich für Manipulationen oder nicht machthungrig erweisen wird. So schön diese edle Vorstellung des weißen Helden, der uns alle retten wird, auch ist. Ein Held ist auch bloß ein Anarchist, der sobald die Gemeinschaft erneut zusammen gewachsen ist, bloß ein Dorn im Auge der Gesellschaft ist. Um nun wieder auf das Wort „gut" zu gelangen sei gesagt, dass, wenn eine breite Masse die Macht innehat und dort auch einige der Überzeugung sind, das gut noch schlecht existiert, werden diese sich gegenseitig in einer liberalen Art und Weise schätzen und nach gemeinsamen Lösungen suchen. Dazu kommt, dass eine breite Masse an Machtinhabern wesentlich schwerer von außen zu manipulieren ist, als eine stark konzentrierte Macht. Zu akzeptieren, dass es Gut und Böse nicht gibt, bedeutet ebenfalls die manipulativen Mächte zu akzeptieren. Jedoch sollte man sich bewusst machen welche Strukturen zusammen existieren können und von welchen sich man ablösen sollte. In diesem Fall ist eine nationalistische Lösung gar nicht verkehrt, denn in jeder Nation kann man sich entscheiden, welche Werte herrschen sollen und jeder, der die seines eigenen Landes nicht gut heißt, kann in das System wechseln, welches er für strebsam hält. Insofern jede Nation, ganz gleich welches Wertesystem sie für sich gewählt hat, von den anderen akzeptiert wird. Auch hier merkt man schnell, je mehr Nationen existieren umso unkonzentrierter ist die Macht auch hier und kann für ein breites Spektrum an Werten sorgen. Je weniger Nationen Zuflucht auf dem Planeten finden, umso stärker konzentriert sich wieder die Macht, welche unmöglich ein liberales System innehaben kann. Das System der Achtung dessen, dass Gut und Böse nicht existiert, beginnt also bereits bei jedem einzelnen und beinhaltet im gesellschaftlichen Sinn ein sehr hohes Maß an Eigenverantwortung. Nun kommen wir mal zu der Bedeutung des Wortes Manipulation, da dies ja auch im Wahrnehmen von Gut und Böse eine große Rolle spielt. Wie bereits erwähnt ist Manipulation nicht persè ein negatives Wort. Es ist eher der Oberbegriff für viele Unterarten des Einflussnehmens auf andere.

Lasst uns das Wort doch einmal definieren und achtet auf den unterschied einer moralischen Definition und einer Reindefinition. Die Reindefinition eines Wortes ist, so objektiv es eben geht, ein Wort zu beschreiben ohne diesem eine Wertung der Moral anzuhaften. Also, so wie eben, nehmt euch wieder einige Momente Zeit und definiert euch das Wort Manipulation. Auf welche Definition seid ihr gekommen? Kommt ihr auf eine ähnliche wie ich? Hier meine Definition.

„Manipulation ist die Fähigkeit über verschiedenste

Varianten Einfluss von außen auf Dritte einnehmen zu können, um deren Sichtweisen und damit einhergehenden Handlungen zu manifestieren oder zu verändern."

Wie ihr seht, steht dieser Definition keine weitere Wertung inne. Denn welche Richtung und welche Anlässe oder Inhalte eine Manipulation beinhaltet ist offen. Doch warum klingt Manipulation so negativ? Das liegt an dem zeitlich nahen Narrativ und dem Moralisieren durch uns Menschen. Wenn ich einem Freund helfe auf die richtige Bahn zu gelangen, manipuliere ich diesen ebenfalls. Wenn ich meine Eltern überzeuge mit mir etwas zu unternehmen, manipuliere ich auch und auch, wenn ich meinem Chef mit Intrigen dazu bringe mich und nicht den Kollegen zu befördern, manipuliere ich auch. Das heißt also, Manipulation ist eigentlich der Oberbegriff für andere spezifischere moralisierte Wörter. Dennoch wird das Wort Manipulation negativ betrachtet, denn auch das Helfen, um Freunde oder geliebte Menschen auf die richtige Bahn zu bringen, geschieht eher im Versteckten. Da man den anderen nicht verletzen will, wenn man ihm zu erläutern versucht, dass er auf dem falschen Weg ist. Was auch voraussetzen würde, dass meine Ansicht von richtig besser ist als seine. Doch dies kann ich nur urteilen, wenn ich das Handelnde Wort „gut" im Narrativ der Gesellschaft definiere und nicht die Dinge so akzeptiere wie sie sind. Selbst das Überzeugen der Eltern oder Freunde kann und wird schnell als Druckmittel oder Machthebel verwendet. Obgleich es zu einem schönen Erlebnis führen kann. Alleine die Aussage

„Seht ihr! Hätte ich euch nicht überredet, hätten wir das nicht erlebt."

Mit einer solchen Aussage impliziere ich unterbewusst oder auch bewusst, dass mein Handeln und Denken dem der anderen von Vorteil oder überlegen ist. Natürlich ist das nicht konstant als negativ zu betrachten, dennoch kann es für den Überzeugten in beide emotionale Richtungen führen. Und die bewusste Einflussnahme im Sinne einer Intrige oder Lüge oder Vertuschung ist auch, ohne jedes weitere Reden, im Allgemeinen eher negativ gewertet. Auch wenn man hier diese ebenfalls im Sinne der Positivität verteidigen kann. Auch eine Intrige kann zum Schutz anderer injiziert werden und hat damit einen positiven Grundgedanken voraus. Ihr seht, dass alle Wortschöpfungen mit einer Verbindung zur Manipulation weder eindeutig negativ noch positiv gelastet sind. Individuell betrachtet, braucht es der gesamten einzelnen Wahrheiten um urteilen zu können und doch wird jede Manipulation, egal welcher Art, ebenso Schmerz verursachen wie auch die Wahrheit, nur meist zeitverzögert. Oder mit Glück nur einem selbst im Sinne der Bürde, die Last seiner Manipulation bis ans Lebensende tragen zu müssen. Der Einfluss von Manipulation und sei er noch so klein, ist auf die Gesellschaft hingegen enorm. Niemand gibt gerne zu, dass er manipuliert oder beeinflusst wurde. Dies hat gesellschaftlich zur Folge, dass die Macht der Manipulation leicht und effektiv genutzt werden kann. Wer nun aufmerksam gelesen hat, sollte bereits jetzt bemerkt haben warum selbst Manipulation in meiner Philosophie ein eher UN-bedeutsames Thema ist und offen frei heraus kommuniziert wird. Was setzt eine Manipulation voraus? Was ist nötig um manipulieren zu wollen? Der Glaube, dass mein gut - mein richtig, besser und dem der anderen überlegen ist? Dieses Prinzip ist typisch für die Gesellschaft unserer Zeit.

Doch in meiner Philosophie gibt es kein falsch und kein richtig. Daher habe ich auch wenig Interesse andere zu beeinflussen. Was in meiner Philosophie groß geschrieben wird, sind der gegenseitige Respekt und das offene Aussprechen der jeweiligen Wahrheiten um bei Themen, die beide Partien tangieren, einen gemeinsamen Nenner zu finden. Doch diese Art der Sichtweise ist nur eine Fassade der Sichtweisen unserer aktuellen Gesellschaft. Die führenden Kaskaden unserer Zeit sind davon abhängig, dass es bloß wenige kritische und akribische Denker gibt. Wenn es welche gibt, dann sollten diese ihre Ziele mitverfolgen und ein Teil ihres Systems sein. Jede Stimme, die sich gegen diese Struktur erhebt, wird versucht nieder gemacht zu werden. Je mehr Macht die herrschende Kaskade bereits gebündelt hat, umso schwieriger wird es dem kritisch Denkenden gemacht, der gegen den aktuellen Zeitnarrativ steht, weiter existieren zu können oder eine breite Front gegen die führende Kaskade erzeugen zu können. Betrachten wir nun das Fundament unserer Gesellschaft. Dies wurde auf einer sehr liberalen Gemeinschaft, geleitet durch konservative Werte, gegründet. Entfaltung auf jeder Ebene und sobald sich Parteien tangierten, wurden wertfrei Kompromisse geschlossen. So ziemlich ähnlich meiner eigenen Philosophie, jedoch in gesellschaftlichen Strukturen mit größeren Kompromissen, die einzelne Menschen in der Regel eingehen müssen. Welche grundlegenden Veränderungen treiben uns jedoch zunehmend in den Verfall unserer eigenen Gesellschaft? Hier betrachten wir doch wieder einmal die Wörter gut und böse oder auch richtig und falsch auf unsere Gesellschaft gemünzt. Wie war es früher, wenn du kritisch warst und neue Wege versuchtest. Du bist gefallen oder geflogen, doch wurde dir kaum eine Hürde im Rahmen der

Diskriminierung oder moralischer Verwerfung in den Weg gelegt. Aber dies ist heute anders. Gehe den Weg der Masse oder du machst es falsch! Gehe den Weg des Konsums oder du gehst falsch! Benenne Dinge nie zu direkt bei dem was es ist sonst bist du böse. Doch was genau ist noch einmal böse oder falsch? Waren das nicht eben diese Wörter, die sich wie die Fahnen in den Wind drehen? Sollte sich eine Gesellschaft also zu sehr an den zeitlichen Narrativ falsch und richtig orientieren? Oder eher an den Tatsachen, die eine Entscheidung wandeln können. Sprich, die Sinne so weit offen lassen, dass Kritik und neue Ansätze oder Optimierungen alter Strukturen, wertfrei angenommen und geprüft werden? Nun dies überlegt bitte für euch selber, auch wie ihr eben dieses in unserer Zeit wahrnehmt. Glaubt ihr, dass man sich problemlos kritisch, egal welchem Thema gegenüber, präsentieren darf? Wenn ihr mich fragt, ist ein derartiges liberales Denken in unserer Führungsebene schon sehr lange nicht mehr vorhanden. Dort wird sogar das genaue Gegenteil gelebt und nach außen getragen. Einfache Beispiele, die dies belegen sind die Tatsachen, dass unsere Regierung immer mehr verboten hat und Steuerungen in eine gewisse Richtung begünstigt. Eine freie liberale Regierung würde den Markt selbst nach Nutzen und Bedarf suchen lassen und somit eine sich regulierende eigene Instanz sein lassen. Dazu blicken wir einfach mal auf politische und mediale Aussagen von Journalisten und den öffentlich rechtlichen Medienanstalten. Über private Medien spreche ich noch einmal separiert, da diese von anderen Grundfaktoren abhängig sind oder sein sollten als öffentlich rechtliche.

Mediale Betrachtungsweise rechts links im politischen Sinne unser heutigen Zeit.

Ich beginne wieder erst einmal damit, beide Worte im politischen Sinne zu definieren.

„Politisch rechts: Eine bürgerliche konservative, der eigenen Kultur nahen, Sichtweise um sich mit politischen Themen auseinander zu setzen. Liberalität sowie Kulturerhaltung sind Grundsätze der politischen rechtsorientierten Politik."

„Politisch links: Eine zentralisierte durch den Staat gesteuerte in eine sozialistische oder kommunistische Gesellschaft führende Ausrichtung, um politische Themen zu betrachten und zu werten. Zentralisieren, kontrollieren und Bevormundung der Masse sind Grundsätze der linksorientierten politischen Sichtweise."

Gerne definiert euch diese politisierten Wörter selbst. Und versucht dabei so ehrlich wie möglich mit euch selbst zu sein. Nun zur Wertung meinerseits zu den jeweiligen Definitionen. Liberalität und kulturerhaltend hat zur Folge, dass eine hohe Eigenverantwortung existiert, was wiederum wenig soziale Unterstützung schwacher Personen zur Folge hat. Jeder ist angehalten, so gut es geht, sich um die Sicherheit und Absicherung seiner selbst und seiner Familie zu sorgen. Das kann gerade für Leute mit Defiziten ein hartes Brot sein.

Gleichzeitig bedarf dieser Gesellschaftsform ein sehr gut ausgeprägtes Bildungskonzept, wo jeder seine Talente erkennen kann und so lernt, seinen eigenen Wert wahrhaftig zu verstehen. Zentralisieren und damit in eine kommunistische oder sozialistische Werterichtung zu gehen bedeutet, dass ein paar Wenige über die Köpfe aller hinweg den Weg und das moralische Narrativ der Gesellschaft bestimmen. Durch Umverteilung wird versucht auch den Schwachen einer Gesellschaft ein gleichwertiges Leben zu ermöglichen, wie es dem Rest ebenfalls ermöglicht wird. Mit anderen Worten, je spezifischer ich mir über die genaueren politischen Definitionen bewusst werde, umso schwerer fällt es einem entscheiden zu können, welche Sicht nun die bessere ist. Um aber mal zwei Personen darzustellen: der fleißige kreative wertbringende Mensch wird die liberale und eigenverantwortliche Sicht meist bevorzugen, da sie ihm mehr Möglichkeiten des Wertschöpfen ermöglicht. Der sozial schwache oder weniger Talentierte wird sich im zentralisierten System wohler fühlen, da dieses ihm mehr Aufmerksamkeit darbietet und ihm, ohne dass er selbst wertschöpfend ist, ein gutes Leben ermöglichen. Und auch hier sei gesagt, dass eine Gesellschaft, sei sie noch so stark, nicht unendlich viele nicht wertschöpfende Partien mit durchfüttern kann. Somit ist das linke System, so schön es auch in der Theorie oft dargestellt wird, zum Scheitern verurteilt. Denn es erzeugt wenige Anreize der Innovationen. Es ermutigt junge kreative Geister nicht dazu sich voll zu entfalten, da ja durch die zentralisierte Meinungsmache vorgegeben ist, in welche Richtung man sich entfalten darf und in welche nicht. Die ausschließlich kommunistische Sichtweise ist demnach wenig erfolgreich. Dies hat sogar die KPC anerkannt und dem Kapitalismus stückweise Eintritt in ihre Strukturen gewährt, um den Wachstum und die Innovationen zu fördern.

Die ausschließlich rechte Sichtweise führt auch schnell dazu, dass viel Neid und Konfliktpotenzial entstehen wird, was wiederum den reinen Wachstum an humanitären Kapazitäten erschwert. Denn, je mehr Menschen, je mehr Kompromisse von Nöten sind. Also ist dem auch ein gewisses Limit gesetzt.

Wo ist nun aber bei dem Thema der politischen Ausrichtung die Problematik unserer Zeit? Wie ihr bemerkt habt, hat jede Seite ihre Vor- und Nachteile. Und weshalb ist es dann so kompliziert geworden, gewisse Ausrichtungen einzunehmen ohne negativ dargestellt zu werden? Jeder weiß, es betrifft die politisch rechte Seite. Wie gehen denn unsere Politiker mit den Beschreibungen der jeweiligen Seiten um? Dies gilt auch für unsere Leitmedien. Es wird immer stärker, selbst im Bundestag, der Kampf gegen rechts angesprochen. Und wenn man sich beschwert wird suggeriert, jeder wisse doch was damit gemeint sei, der Kampf gegen Rechtsextremismus. Doch hier liegt eine psychologische Crux in der Wortwahl an und für sich. Korrekt wäre die Formulierung: Kampf gegen Extremismus jeglicher Art. Und bei spezifischen Themen kann man dann auf die jeweilige Seite oder extremistische Ausrichtung gehen. Zum Beispiel.

Es gab wieder linksextremistische Gewalttaten gegen unsere Polizeikräfte. Oder Rechtsextremisten haben randaliert und Sachschaden gegen ausländische Einrichtungen begangen. Oder extremistische Islamisten breiten sich in unserem Land aus und verfolgen hier bereits Juden.

Oder, oder, oder. Eben die Dinge so benennen wie sie zu benennen sind, ohne sie direkt verallgemeinert zu bewerten. Denn weder ist ein Konservativer sofort extrem rechts, noch ist ein Sozialpolitiker sofort extrem links oder ein Muslim extrem islamistisch oder jeder Jude ein Zeoniet. Dies sind und bleiben Extremformen, die es in jeder Auslegung gibt und somit auch nicht mit dem heerführenden Wort einhergehen sollten. Unsere Politiker formulieren dennoch Kampf gegen rechts, was unterbewusst die Aussage impliziert, Kampf gegen Konservativität, Liberalität und Freiheit. Dazu kommt, dass vor allem mit den unterschiedlichen extremistischen Ausrichtungen mit unterschiedlicher Härte vorgegangen wird. Bereits leicht konservative Aussagen werden radikalisiert und sehr radikale linke Sichtweisen werden positiver dargestellt und als Schutz der Schwachen präsentiert. Ebenfalls präsentieren die Medien ein verzehrtes Bild in dem bei jeder Möglichkeit, wo konservative Positionen vertreten sind, diese schnellstmöglich als radikal dargestellt werden und bei linker Gewallt sogar noch versucht wird, dies zu verharmlosen. Bitte betrachtet hierzu die Darstellungen der Medien von Protesten der jeweiligen Seiten. Radikalismus sowie Extremismus ist in keinerlei Art und Variante wünschenswert. Daher ist es doch eigentlich durch unsere Eliten angebracht, diese Thematik nicht unterschiedlich zu gewichten und der Gesellschaft somit zu suggerieren, dass die eine Sicht besser ist als die andere. Ein Politiker, der aktiv eine Sicht ohne jegliche freie sachliche Argumentation im Keim ersticken will, ist doch nicht liberal. Er ist doch nicht daran interessiert andere Meinungen zu zulassen oder sich auch andere Ideen, die effektiv sein können, anzunehmen. Auch der öffentlich rechtliche Repräsentant hat eigentlich die Aufgabe der Liberalität.

Mit anderen Worten: Wertfrei berichten und bloß die Fakten zu nennen, ohne dass dieser seine persönliche Meinung dazu ausspricht. Dennoch wird bei jeder Gelegenheit eine konservative, und sei sie auch noch so minimalistisch ausgeprägt, Sichtweise schlecht gewertet und jede sozialistische linke Sicht positiv in der Medienberichterstattung des öffentlich rechtlichen widergespiegelt. Die Auswirkungen dieser Manipulationen und dies sind Manipulationen, sogar sehr bewusste, da sie ganz offen und bewusst gegen ihren eigentlichen Auftrag verstoßen, sind so stark, dass sie das Fundament unserer Gesellschaft zerstören können. Egal wie heroisch ich vorgebe meine Sicht auch sein soll. Wenn ich in einem liberalen System immer weniger dem wahrhaften Streben der Liberalität nachkomme, ist dies ein Verrat an den Grundfesten unserer Struktur. Ob dem nun ein guter Gedanke voraus geht oder nicht, spielt keine Rolle. Da es gegen die Ausrichtung unserer Grundwerte ist, auf derer unsere Gesellschaft nun einmal basiert. Um dies besser erläutern zu können, blicken wir auf einen Philanthropen und fragen uns, ist diese Person liberal oder wie ist diese Person orientiert und mit welcher politischen Beschreibung kann ich einen Philanthropen noch darstellen.

Ein Philanthrop selbst behauptet in erster Linie das Leid anderer mindern zu wollen. Er möchte, so gut er nur eben kann, mit seinen Möglichkeiten helfen. Meist tut er dies jedoch ungefragt und überall. Was genau setzt dies voraus? Im Grunde genommen sieht der Philanthrop sich somit als oberstes Gut an und seine Definition von gut ist besser als die aller anderen. Einfach gesagt: Ich bin euer Nachbar und denke, dir geht es mit der Situation wie du lebst, schlecht. Ich habe mehr als du und gebe dir und sage dir, wenn du das so machst, geht es dir besser. Nun blickst du auf die Situation und sagst.

„Aber ich bin doch mehr als glücklich mit dem wie es ist. Das andere wäre eher eine Verschlechterung meines Glückes. Ich möchte dies nicht."

Die anderen Nachbarn sehen, dass ich dir helfen möchte und wie viel Mühe ich mir gebe. Ich werde in der Nachbarschaft sogar dafür gelobt. Als man mitbekommt, dass du dich aber davon versuchst zu lösen und mir sogar vor den Kopf stößt, wirft man dir immer mehr vor, dass du schlecht bist und doch bitte die Hilfe annehmen sollst.

Wie beurteilst du nun als Beobachter diese Situation? Wie betitelst du jemanden, der dich gegen deinen Willen ändern möchte? Der behauptet dein Gut ist falsch und du bist nur nicht auf dem richtigen Weg?

Wie beurteilst du die Sicht der Nachbarschaft?

Lassen diese sich von dem Schein des Äußeren manipulieren ohne einmal hinter die Kulissen geblickt zu haben?

Für mich persönlich ist jemand, der mir seinen Willen aufzwingen will, ein Kommunist, ein Sozialist oder sogar diktatorisch veranlagt. Urplötzlich ist von dem Bild des Philanthropen nicht mehr so viel übrig. Und dazu kommt auch noch, ist die Hilfe des Philanthropen wirklich bedingungslos oder ist sie an Bedingungen geknüpft? Und nun stell dir vor, sie ist an Bedingungen geknüpft und du willst diese Hilfe noch nicht einmal. Aber die Nachbarschaft übt solch hohen Druck aus, dass du dich dem beugst und nun auch noch die Bedingungen akzeptieren für eine Hilfe musst, die du im Grunde genommen noch nicht einmal haben wolltest. Was sagt mir dies? Es ist nicht alles so wie wir wollen, dass es ist. Vor allem mit dem Benutzen von moralisierten Wörtern muss ich lernen höchste Obacht walten zu lassen. Das Wort Philanthrop ist sehr stark positiv geprägt und daher sehen wir Menschen, die solch eine Beschreibung innehaben, als etwas Strebsames an. Doch wie gerade beschrieben, ist dies auch bloß mehr Schein als Sein und es ist eine Frage der Gewichtung eines jeden selbst, was die Frage nach gut und schlecht oder richtig und falsch betrifft. Je weniger moralisiert jemand mit dir spricht, umso mehr Eigenverantwortung und selbstbestimmtes Denken verlangt er von dir ab. Er lässt dir jedoch die freie Wahl und gibt dir die Fakten auf, anhand derer du dich nach deiner eigenen Moral ohne Druck zu spüren, entscheiden kannst. Um nun noch einmal auf Personen mit Macht zu kommen und warum das Missachten der Liberalität eben dieser Personen so gefährlich für eine Gesellschaft ist, sollte nun bewusster werden. Es ist der Grad der Manipulation, der Einfluss auf die Grundwerte innerhalb einer Gesellschaft nimmt. Es ist normal, dass Werte sich wandeln. Doch wie bereits erwähnt, wandeln sie sich zu drastisch und passen dann als bald nicht mehr auf die Grundstruktur, kann dies ein Gefüge sogar vernichten. Die Wortwahl scheint dem einen oder anderen wahrscheinlich etwas radikal, doch beschreibt es die Tatsachen dessen, was nun mal passieren kann, am eindrucksvollsten. Eine starke Verschiebung kann für den einen der Beginn etwas Hervorragendes einzuleiten sein und zu gleich für den anderen die Zerstörung allen, was er sich erarbeitet hatte. Je härter ich Dinge also benenne, umso bewusster werde ich mir der Konsequenzen meines Handelns. Solange ich mit all meinen Konsequenzen leben kann und ich für mich durch mein Handeln mehr Vorteile für die Gesellschaft als Nachteile sehe, ist dieses Handeln für jeden selbst legitim. Und was ich als Vorteil und was ich als Nachteil werte, liegt wiederum an der eigenen Bewertung von gut und schlecht. Dies gilt auch für die Auslegung der politischen Orientierung, welche wir gerade behandeln. Ein linker Politiker ist als Person doch nicht schlechter oder besser als ein rechter. Beide sind strebsam ihren Wert des Guten zu erlangen. Somit kann ich keinen der beiden vorwerfen böse zu sein. Jedoch muss ich gewillt sein beide Sichtweisen zu akzeptieren und eine Gewichtung in der Entscheidung, die beide gleichstark berücksichtigt, zu finden.

Um urteilen zu können, dass ein Verfall eintritt, ist grundlegend zu eruieren, welche Werte der derzeitigen Fundamente der Gesellschaft inne wohnen. Und die der unseren, in der ich einst aufgewachsen bin, sind zu sehr hohen Anteilen liberale freie Werte. Wie auch der Kapitalismus in Form der freien Marktwirtschaft.

Verteufelung oder Lobpreisung des Kapitalismus.

Oft vernehme ich, dass der Kapitalismus uns in diese miserable Lage gebracht hätte. Oder dass er dafür gesorgt hat, dass diese starke Ungleichheit zwischen arm und reich existiert. Daher möchte ich euch einmal auch meine Sicht, was diese Thematik betrifft, veranschaulichen und euch dann erneut fragen, ob der Kapitalismus für euch schuld an der Verschiebung ist oder eventuell doch andere Faktoren uns dies bloß so wahrnehmen lassen. Zunächst einmal was bedeutet Kapitalismus im Groben. Das Kapital steuert und regelt den Markt und somit auch die Gesellschaft. Angebot und Nachfrage sowie Kapital, also Werte in Form der Sachwerte, nehmen Einfluss auf das was produziert, konsumiert und erforscht wird sowie in welche Bereiche Innovationen erfolgen oder wovon sich abgewandt wird. Dies hat zur Folge, dass freier Kapitalismus ausschließlich durch die Erfüllung von eben diesen Faktoren reguliert wird. Keine Einflussnahme von einzelnen auf das System, sondern von Innovationen, die den Bedarf der Gesellschaft decken oder aber auch befriedigen. Somit existiert eine konstante Wandlung der Ausrichtung und Verschiebung der benötigten Produkte. Was auch eine Vielfalt an Chancen zur Gewinnung an Ressourcen oder Sachwerten bedeutet. Für jeden der innovativ ist, oder eben den aktuellen Bedarf der Anfrage decken kann. Ebenfalls bedeutet dies, dass es keine geplanten Eingriffe von außen auf die Nachfrage hat. Jeder Eingriff, der vorgenommen wird, entfremdet den freien Kapitalismus von dem was er eigentlich ist. Je mehr Subventionen oder bewusste Förderungen in einzelne fachspezifische Richtungen es gibt, umso weniger kann ich von Kapitalismus sprechen. Nehmen wir dazu das Beispiel Energiegewinnung. Die Nationen fördern erneuerbare Energien, hauptsächlich Wind und Solar. Sie subventionieren diese sogar, damit diese Technologie überhaupt rentabel wird. Kann man da dann überhaupt noch von Kapitalismus sprechen? Denn sie geben immerhin vor, dass es Kapitalismus ist. Nein, dies würde ich eher als Planwirtschaft bezeichnen. Würde man dem Kapitalismus freie Hand gewähren und würde man nur das Ziel vorgeben, weniger Emissionen - weniger Schädigung der Natur und somit jede Forschung, die dieses Ziel bedient genauer betrachten, würde die erfolgreichste sowie stabilste Lösung am Ende gewinnen. Ohne eine Zielvorgabe würde der Kapitalismus nur sehr unwahrscheinlich eine Variante hervorbringen, die den Schutz der Natur ebenfalls mit innehat. Was für mich bedeutet, dass ohne strukturelle Vorgaben auch nicht unbedingt das erreicht wird, was eine Gesellschaft im allgemeinen Narrativ als strebsam empfindet. Daher ist eine minimale Leitung sinnvoll um den Kapitalismus effektiv zu nutzen. Doch wie stark der Einfluss sein sollte, ist anhand der Grundwerte einer Gesellschaft auszumachen, niemals durch ein paar wenige Personen. Ebenfalls wird suggeriert, dass es durch den Kapitalismus eine Umverteilung in Richtung immer mehr Kapitalbündelung an wenigen und immer mehr Armut in der Masse zu erzeugen. Nun, wenn ich mir jedoch einen Überblick verschaffe was Kapitalismus bedeutet, ermöglicht er doch jedem dieselben Chancen. Er eröffnet jeder Art von Menschen eine Option auch denen, die gerne ihre Macht konzentrieren und damit nicht der Liberalität und dem freien Kapitalismus frönen. Ja, leider bietet der Kapitalismus auch ihnen die

Optionen zu wachsen. Dies lässt sich sogar recht simpel in einem Wort zusammenfassen.

Lobbyismus

Der Kapitalismus ermöglicht wohlhabenden Menschen, die mit ihren Positionen, ihren Sachwerten oder ihren Innovationen Druck ausüben können, diesen auf den Markt wirken zu lassen, um somit einen Vorteil, der hauptsächlich für sie gilt, zu erzeugen. Diesen Einfluss bezeichnet man als Lobbyismus. Meist sieht dies so aus, dass Vertreter von Großkonzernen oder ganzen Branchen sich mit Politikern treffen und dort über Gesetzesänderungen verhandeln, die der Branche des Konzerns oder des einzelnen Unternehmers positiv in die Karten spielen. Leider hat das oft zur Folge, dass die positiven Auswirkungen für einen Konzern meist negative Belastungen für die Bevölkerung zur Folge haben. Die Einflussnahme eben dieser Lobbyisten hat sich über die letzten Jahre so vermehrt, dass es sich ausschließlich negativ auf die Bevölkerung auswirkt. Die Belastungen des Bürgers sind durch die vergangenen Gesetze stets erhöht worden und die Lobbys konnten ihren Profit wachsen lassen. Die Regierung vertuscht diese Absprachen gerne oder führt diese ausschließlich abseits der Öffentlichkeit, wodurch die Kontrolle der Bevölkerung abhandengekommen ist. Das Resultat ist, dass die Regierung, um ihren Schein zu wahren, die Schuld der hohen Belastung und unfairen Umverteilung dem Kapitalismus gibt. Jedoch bedeutet Kapitalismus doch eigentlich, dass es keine oder bloß eine sehr geringe Einflussnahme von außen zur Definition inne hat. Daher würde ich Lobbyismus auch eher kommunistischen oder sozialistischen Kapitalismus nennen, welcher in der Tat eine sehr ungerechte Umverteilung durch Konkurrenzverhinderung projiziert. Da aber das offene

Aussprechen von individuellen Wahrheiten in unserer heutigen Zeit als verwerflich dargestellt wird, ist es gar nicht so einfach direkte, sehr harte Bezeichnungen zu benutzen. Wie ihr seht, hat aber auch der Lobbyismus einen Faktor mit sich, der uns allen bewusst sein sollte. Er findet in der Bevölkerung nur Akzeptanz durch Manipulation. Ich gehe mal stark davon aus, dass, wenn offen gesprochen werden würde und man zeigt, dass ein Konzern die Bevölkerung für weniger Nutzen des einzelnen, sondern bloß für Kapitalanhäufung der Wenigen, zahlen lassen würde, dies kein Bürger gerne oder ohne Gegenwehr hinnehmen würde. Bis zu einem gewissen Grad muss man Kompromisse eingehen. Allerdings nur dann, solange beide Partien zu gleichen Teilen Abstriche machen müssen. Und da komm ich wieder auf die Präsentation der einzelnen Sichtweisen, wie sie heute dargestellt werden. Rechts schlecht, links gut. Wo genau ist da die gleichberechtigte Anteilnahme innerhalb der Kompromisse? Wenn bereits im Kinderalter durch manipulative Indoktrination Einfluss auf unsere Gesellschaft genommen wird, damit immer mehr links als gut erachten, dies aber für die Grundstruktur unserer Gesellschaft gar nicht funktional ist, sollten die, die das verhindern können, einmal beginnen sich gegen den überhandnehmenden Einfluss der sozialistischen Seite zu wehren.

Journalistischer Einfluss auf das Injizieren des Verfalls in der Gesellschaft.

Der Journalismus ist einer der wichtigsten Treiber einer breit gefächerten moralischen Positionierung der Gesellschaft. Das Bild, welches Journalisten und damit jeder medial aktive Repräsentant, von Meinungen mit geringer bis hin zu großer Reichweite erzeugen kann, ist ausschlaggebend für den aktuellen Werteleitkult innerhalb einer Gesellschaft. Damit kann über eben diese mediale Präsenz auch eine Veränderung injiziert werden. Ob zu einer eher positiven oder negativen Weise, liegt jedoch wieder im Auge des Betrachters. Die Folgen können jedoch, wie in jeder Veränderung, gravierend oder weniger bedeutsam sein. Betrachten wir nun noch einmal etwas spezieller die Medienlandschaft unserer Gesellschaft, in meinem Fall auf das deutsche System. Es gibt den Öffentlichen Rechtlichen Rundfunk, die privaten Medienanstalten und einzelne Künstler oder Journalisten, die unabhängig von Konzernen arbeiten. Die wohl größten Unterschiede sind im ursprünglichen Sinn folgende. Der ÖRR war dafür geschaffen worden, um der Bevölkerung neutrale Fakten zu präsentieren und das Handeln der Regierung stetig kritisch zu beleuchten und zu hinterfragen. Es sind also ursprünglich bevölkerungsnahe Medien, die das Interesse der Bevölkerung vertreten und Neutralität als Standard innehatten. Liberalität, freie Meinungsäußerung und wertfreies darstellen der unterschiedlichen Fakten sind Voraussetzung zur Erfüllung dieser Standards.

Private große Medienanstalten wie RTL, Pro Sieben,

Bild oder der Spiegel, um nur einige wenige zu nennen, sind von Werbung und Wertschöpfung abhängig. Mit anderen Worten vertreten diese Unternehmen die Meinung der Firmen, Konzerne und all derjenigen, die dem Medium finanziell von Vorteil sind. Ausschließlich die Ethik des Geldes und damit die Ethik der Geldgeber spielt eine überwiegende Rolle bei dem Umgang mit Themen, die berichtet werden.

Dann gibt es noch unabhängige Journalisten, die meist investigativ agieren. Der Leitkult, dem diese Gruppe unterworfen ist, ist deren individueller Wertekanon und somit repräsentieren diese Leute den wohl am stärksten subjektiven Anteil. Auch wenn sie im Grunde genommen versuchen kritisch zu sein, stellt sich dort die Frage: Wem nutzt in dem Fall das kritische Hinterfragen?

Dies sind die eigentlichen Ansätze der verschiedenen Unterteilungen der einzelnen Medienkonsultationen. Blicken wir jetzt mal auf die Art der Berichterstattung der jeweiligen Medien in der heutigen Zeit und fragen uns dann, ob dies auf den ursprünglichen Konsens der jeweiligen Gruppierungen mit dessen Grundaufgaben heute immer noch übereinkommt. Wie bereits bei anderen Themen erwähnt, ist der öffentlich rechtliche in seiner Art der Berichterstattung etwas fragwürdig geworden. Kommentare und damit Meinungen sollten stets als diese markiert werden und sie sollten sich im ÖRR nur minimal wiederfinden. Doch nicht nur bei Fragen der politischen Ausrichtung finden wir sehr stark moralisierte Darstellungen. Nimmt man sich alleine die Regulierung anhand der Kommentarfunktion vor, finden wir eine stark bewusste Steuerung der Meinung durch den ÖRR. Normalerweise sollte bei jedem Thema diese Funktion frei sein, sodass man sich anhand der Kommentare ein Bild verschaffen kann, wie stark anteilig eine Zustimmung oder Ablehnung zu gewissen Themen innerhalb der Bevölkerung besteht. Was passiert hier strategisch allerdings stattdessen. Bei Themen, wo man nicht möchte, dass man erkennen könnte, dass es ein Großteil der Bevölkerung eine andere Sicht als die Regierung vertritt, wird die Kommentarfunktion durch drücken von „das gefällt" und „gefällt mir nicht" abgeschaltet. Mit anderen Worten bestimmt der Öffentlich Rechtliche als Sender über welche Themen die Bevölkerung öffentlich reden darf und welche nicht. Dies ist ein manipulativer Eingriff in die Gestaltung der Werte einer Gesellschaft. Auch hier ob positiv oder negativ sei dahin gestellt. Aber zunächst einmal ist es eine Einflussnahme, die gegen die ursprüngliche Aufgabe des ÖRR verstößt. Weiterhin ist bei den ÖRR-Reporten verstärkt eine wertende Wortwahl zu finden, was ebenfalls gegen die Grundsätze dessen verstößt, wofür der ÖRR ursprünglich einmal stand. Es macht einen Unterschied aus zu sagen:

Es gab Demonstrationen gegen Entscheidungen der Regierung. Dort hat man ein breites Spektrum der Bevölkerung vorgefunden und auch rechtsradikale Gruppierungen nutzen diese Demonstrationen um ihre Präsenz darzustellen.

oder ob man sagt:

Diese Leugner und rechtsradikalen Spinner haben wieder einmal demonstriert. Dabei sorgten sie verstärkt für polizeiliche Einsätze.

Das impliziert, dass der Großteil oder alle Demonstranten radikale Gesinnungen haben und die normalen Bürger mit Grundwerten, die denen der Gesellschaft sehr nahe oder absolut vertretbar sind, ausgeschlossen werden bzw. mit radikalisiert dargestellt werden. Was die Situation definitiv verzerrt darstellt und das wahre Bild dessen was war, nicht erzeugt. Somit manipuliert der ÖRR absichtlich seine Zuschauer, um eine andere Wahrnehmung der Dinge zu erzeugen. Welche Zielführung dahintersteht, ist je nach Berichterstattung zu sondieren. Derzeit aber ist die Zielführung verstärkt die Meinung der Regierung gut zu heißen und jede Kritik, egal wie berechtigt diese auch ist, zu verteufeln. Oder ein anderes Beispiel, was man oft hört in ähnlicher Art:

Es gab allerdings auch Gegendemonstrationen der Antifa. Es kam hier zwischen den Gruppen zu Gewalttaten. Rechtsradikale warfen Steine gegen die Gegendemonstranten.

Oder wenn man berichten würde:

Die Antifa ging gewaltsam und aggressive gegen die Demonstration der Gruppe XY vor und sorgte für den Abbruch der Demonstration durch eine derartige Gewalltbereitschaft, dass die Polizeikräfte sich genötigt fühlten, zum Schutz aller, die Versammlungen abzubrechen.

Beide Varianten entsprechen der Wahrheit, doch die eine Variante verharmlost die wahre Gewalt der linken Radikalisierten. Wer mir an dieser Stelle Verzerrung vorwerfen möchte, der möge sich doch bitte die Statistiken der Behörden bezüglich Gewaltbereitschaft der links- und rechtsextremistischen Gruppierungen, ansehen. Auch wenn öfter rechtsradikale Meldungen vorhanden sind, ist die Art des Deliktes radikal anders. Bitte schaut euch diesbezüglich wertfrei die Statistiken an. All diese Art der Verzerrung durch die öffentlich rechtlichen Medien sorgt für eine sehr starke Einflussnahme auf das durchschnittliche Gefüge der Gesellschaft und verändert die Werte drastisch. Dies alles, da der Öffentlich Rechtliche Rundfunk seine ursprünglichen Aufgaben des ÖRR missachtet. Die manipulativen Strukturen des ÖRR sind noch wesentlich tiefgreifender, doch das würde wohl ein ganzes Buch füllen. Daher achtet einmal bewusst auf die Rhetorik des ÖRR und betrachtet dies im Zusammenhang mit der ursprünglichen Aufgabe des ÖRR. Was sind dann eure Eindrücke, unabhängig davon, ob ihr eine ähnliche oder abweichende Meinung dessen habt, was berichtet wird? Dies ja immer eine Frage der eigenen Überzeugung ist. Aber empfindet ihr die Art der Berichterstattung des ÖRR als neutral oder ist sie werte- und meinungsbehaftet? Analysiert dazu die Art bitte mit rhetorischen Grundprinzipien. Dazu kommt, dass man sich mal den Vorstand des Öffentlich Rechtlichen Rundfunks anschauen sollte. Dort sind überwiegend Politiker der linken oder grünen Seite vertreten und eben diese Leute bestimmen über die meinungsbildenden Inhalte der Berichterstattung. Wenn ihr mich fragt, sollten der Vorstand und die Gremien so repräsentiert sein, wie die Anteile der Partien im Bundestag. Dazu sollten private Journalisten einen Teil bilden und Unternehmer. Somit ist in den Gremien und Vorständen immer ein recht gutes Abbild der durchschnittlichen Bevölkerung geschaffen. Jedoch sind überwiegend aus einer Richtung stammende Personen in eben diesen Institutionen vorzufinden. Da bleibt eine Verschiebung in sozialistische Richtungen des Öffentlich Rechtlichen Rundfunks nicht aus.

Kommen wir zu den privaten großen Medienanstalten. Nun diese sind schon immer durch Interessen der Inhaber und Geldgeber geprägt gewesen. Welcher Grundstruktur kommt dies zu gute? Ganz eindeutig kommunistischen, sozialistischen, imperialistischen oder jeder Struktur, die Machtverhältnisse komprimieren möchte. Je konzentrierter Machtpositionen werden, hat das zur Bedeutung, dass auch immer weniger Investoren und Inhaber vorhanden sind. Dafür aber immer mehr gleiche Investoren bei unterschiedlichen Medien bestimmen, welche Grundhaltung das Medium präsentieren darf. Dies hat zur Folge, dass der Einfluss der privaten Medien schnell und einfach in eine spezielle Richtung gedrängt werden kann. Was weder illegal oder moralisch verwerflich ist, da es die Aufgabe der privaten Medien schon immer war und nach wie vor ist, den Investor oder Konzerne gut dastehen zu lassen. Es war nie das Interesse eines privatwirtschaftlichen Unternehmens ein Sprachrohr der Gesellschaft zu sein. Kommt es dennoch dazu, das ein privater Mediensender neutraler agiert, als es der ÖRR macht, liegt das daran, dass die Grundhaltung des privaten Mediums in der anderen Richtung liegt, als in die, in der die Regierung und der manipulierte ÖRR sich ausrichtet. Das hat zur Folge, dass private Medienanstalten mit gegenüberliegender Ausrichtung sich wehren müssen. Je stärker die Manipulation des ÖRR umso riskanter wird jedoch das zur Wehr setzen, da sie dann schnell Opfer von Diffamierungen werden können. Und sie dann den privaten Konkurrenten gegen sich haben wie auch den angeblich neutralen ÖRR, der ja nicht mehr neutral ist. Somit ist es einfach Konkurrenz, die der Veränderung der Machtinhaber entgegen wirken möchte, die Luft abzuschneiden. Und dennoch ist aus moralischer Sicht und damit der ursprünglichen Funktion der privaten Medienanstalten, eben kein Vorwurf zu machen. Es ist einfach die grundlegende Ausrichtung der privaten Medienanstalten so zu agieren. Dies sollte dem Bürger ausschließlich bewusst sein, um sein eigenes Handeln nicht der Manipulation derer hingeben zu müssen. Der mündige Bürger sollte imstande sein zu verstehen, wie die funktionalen Prinzipien dessen, was ihn allgegenwärtig begegnet, funktionieren. Da er im Rahmen der Eigenverantwortung sein Handeln rechtfertigen muss, vor sich selbst, vor seinem Umfeld und somit auch vor der Gesellschaft. Vor Gericht zählt die Aussage, das habe ich nicht gewusst, nun mal leider nicht. Es heißt ja so schön:

Unwissenheit schützt vor Strafe nicht.

Jedoch ist Unwissenheit der Bürger das wertvollste Machtmittel all derjenigen, die Manipulationen auf die Bevölkerung ausüben wollen. Eine wissende und kritische Bevölkerung lässt sich wesentlich weniger beeinflussen als jemand, der sich noch nicht einmal der Beeinflussung bewusst ist. Letzten Endes bleibt es sich aber gleich, ob bewusst die Manipulation hinnehmen oder es nicht zu wissen. Beides hat gleiche Resultate. Die Veränderung der Wertedarstellung der Gesellschaft.

Die einzelnen Journalisten sind nach wie vor ihren eigenen Werten Rechenschaft schuldig und gehen ein sehr hohes privates Risiko ein, wenn sie sich gegen eine breite Front stellen. Da man diese noch wesentlich schneller mundtot machen kann, als einen privaten Medienkonzern. Und dennoch ist investigativer Journalismus, der jede Thematik kritisch hinterleuchtet, nicht mit Quacksalberei abzutun. Man sollte sich, bevor man urteilt, die Fragen des Journalisten anhören und, so neutral es geht, versuchen zu beantworten. Geht dies nicht und man findet ausschließlich moralisierte Antworten, ist die Wahrscheinlichkeit groß, dass die Berechtigung der kritischen Hinterfragung enorm hoch ist. Je sachlicher ich imstande bin zu argumentieren, umso weniger muss ich mich verstecken, da ich anhand von Fakten meine Handlung darstellen kann. Kann ich dies nur moralisch darstellen, muss ich darauf hoffen, dass die Moral des anderen der meinen entspricht oder ich muss alles dafür tun, dass ich es so präsentiere, dass meine Moral den allen anderen höherwertiger, im positiven Sinne, entspricht. Leicht gesagt: meine Moral ist besser als die deine. Was de facto unmöglich ist. Wie wir wissen ist Moral etwas Individuelles. Sie ist abhängig von der eigenen Wahrnehmung und unterscheidet sich von Mensch zu Mensch enorm. Und keine Moral ist besser oder schlechter als die andere. Maximal kann man sagen, dass die eine Moral näher an der der bereiten Gesellschaft ist. Demnach eher der Norm entspricht als die andere, doch ist dies nicht mit besser oder schlechter zu werten. Solange eine Moral nicht extremistisch ist und Schaden für andere ohne jede Grundlage vorsieht, kann auch die Gesellschaft nicht verlangen, dass man diese Moral ablegt und sich zu einhundert Prozent der andern Moral beugen muss. Wenn es auch im gesellschaftlichen Narrativ eine allgemeine Moral gibt, bedeutet das nicht, dass sich jeder danach richten muss. Es ist bloß ein Maßstab anhand dessen ich urteilen kann, wie weit extrem eine Moral ist. Denkt immer daran, dass ausschlaggebend ist, dass die Moral des im Narrativ beschlossenen Gesellschaftlichen durch Medienpolitik und Personen der Öffentlichkeit manipulative verändert werden kann. Daher sollte jede Handlung, bis zu einem gewissen Grad, immer auch mit sachlichen Faktoren behaftet sein. Ebenfalls sollte man sich darauf berufen, auf welchen moralischen Werten das Fundament einer Gesellschaft aufgebaut ist. Um sich eben zu vergewissern, ob es strukturelle Angriffe auf das System gibt oder ob man sich noch auf das ursprüngliche strukturelle System, worauf unsere Gesellschaft basiert, beruft. In meinem Fall:

Liberalität und Freiheit.

Sehe ich das nicht, ist es das Recht einen jeden, der dies auch nicht sieht, das anzusprechen und sich zu wehren ohne eine Verurteilung der Gesellschaft zu erfahren. Jeder, der diese Veränderung möchte, muss der Gesellschaft sachlich darlegen, warum diese Veränderung von Nöten ist oder welche positiven Auswirkungen diese innehaben. Und ebenso muss dies jeder sachlichen Gegenargumentation standhalten. Ist das nicht der Fall, sollte die Masse sich dessen bewusst machen, dass diese Art der Veränderung keine Legitimation der Bevölkerung erfährt, sondern bloß durch den Willen einiger weniger injiziert wird. Was in dem Fall Deutschland von einer liberalen und freien Gesellschaft zu einer unterdrückten kommunistischen Gesellschaft zu führen scheint. Was für mich persönlich definitiv zur Vernichtung unserer derzeitigen Gesellschaft führt. Und somit definitiv einen Werteverfall mit sich bringt beziehungsweise über diesen Verfall eingeleitet wird. Doch stellt euch immer die Frage, ob ihr zu anderen Schlussfolgerungen kommt oder ob ihr dieselbe Schlussfolgerung habt oder ob ihr die neue Ausrichtung befürwortet. Falls letzteres der Fall ist, steht dazu und spielt kein Spiel. Seid ehrlich zu euch und zu der Gesellschaft. Könnt ihr das nicht, solltet ihr euer Handeln überdenken, ob es wahrhaftig für euch das Richtige ist.

Das Verwöhnen der Jungend und die Verdrängung der Abkopplung der Pflichten von den Rechten.

Die strukturelle Veränderung unserer Jugend, von einer leistungsbereiten hin zu einer faulen verweichlichten Jugend, ist gravierend. Was ganz eindeutig zu vermerken ist, sind Modebegriffe wie Burn-Out, ADHS und dergleichen. Diese derartigen Erscheinungen gab es vor fünfzig bis sechzig Jahren nicht und das, obwohl der Wohlstand bei weitem nicht so hoch war. Damit einhergehend war auch die einzelne Belastung auf jeden einzelnen eine höhere. Die Nachkriegsgeneration musste täglich um essen und das pure Überleben kämpfen. Und was ist aus ihr geworden? Eine enorm robuste, strebsame und liberale Gesellschaft, die uns den heutigen Wohlstand ermöglicht hat. Was muss unsere Jugend heute noch leisten? Im Grunde genommen nichts mehr. Sie darf ihre Kindheit in vollen Zügen genießen. Sie bekommt alles was es bedarf, um ein schönes Leben zu leben. Und dennoch gibt es unzählige Kinder, die bereits mit Prüfungen oder Tests in den Schulen an ihre Belastungsgrenze geraten. Woran liegt dieses Phänomen? Nun ja, je robuster man aufwächst umso robuster wird der Charakter. Man lernt interaktive Dinge wertzuschätzen. Man versteht, dass das Leben einem nicht alles schenkt und dass auch Opfer zu verzeichnen sind, bevor man gewinnt. Einfache Prinzipien wie ohne Fleiß kein Preis, wie es in den Wald hinein schallt so schallt es hinaus oder Ehre wem Ehre gebührt, bekommen eine andere Bedeutung, wenn man gelernt hat die Bedeutung dahinter wahrhaftig zu begreifen. Eine Generation, die ohne Fleiß alles erhält, verliert unweigerlich den Bezug zur

Realität der einfachsten Grundsätze des Lebens selbst. Die Entfremdung der Natur und dass diese auch mal dreckig ist, führt dazu, dass das Grundverständnis der Natur nicht mehr vorhanden ist. Alles ist immer und allgegenwärtig greifbar. Physikalische und naturwissenschaftliche Grundregeln werden vergessen. Wie ohne geben gibt es kein nehmen. Nichts ist umsonst oder, oder, oder. Die Leistung hinter den Dingen wird nicht mehr gesehen. Der Strom kommt aus der Steckdose, das Wissen aus dem Internet und die Fähigkeit des Lernens ausschließlich aus den Schulen. Ein dünneres Brett werdet ihr kaum finden können, was unsere derzeitige Jugend als Hürde nehmen muss. Wie kann man von solch einer Generation erwarten, dass sie ganzheitliche Strukturen betrachtet? Dass sie Werte hinter den Dingen sieht? Dass sie eben nicht alles als selbstverständlich ansieht. Dass sie sich in Verzicht übt, für das Wohl anderer und damit auch für das eigene Wohl. Das sind Glücksgriffe, wenn aus so einem Aufwachsen solche Charaktere entstehen. Psychologisch entstehen eher labile, eingebildete Ego. Idioten, die narzisstisch und mit einem so geringen Selbstbewusstsein behaftet sind, dass sie sich nur über einen Schein, der nicht ihr wahres Ich widerspiegelt, darstellen können. Noch einmal nur zum Verständnis: das Versagen liegt nicht bei den Kindern, sondern bei uns Erwachsenen! Die lieber verwöhnen als realistisch sein zu wollen. Die lieber jede Last von ihnen abnehmen möchten, anstatt sie sich durch Druck und Last ihr eigenes gehärtetes Fundament aufbauen zu lassen. Ich möchte damit nicht behaupten, ich wüsste wie man ein perfekter Vater ist, aber ich bin mir den möglichen Konsequenzen meines Handelns bewusst. Und auch in dieser Frage der Erziehung sollte ich mir noch viel bewusster vor Augen führen, welche

Konsequenzen mein Handeln für die Jugend und die Kinder bedeuten kann. Denn wir als Erwachsene sind immer und allgegenwärtig für die neue Generation und deren gesellschaftlichen Wertekanon verantwortlich. Unser Handeln prägt die nachfolgende Generation, nicht ihr eigenes Handeln. Das Handeln und Denken der Kinder ist eine Reaktion auf die Aktionen von uns Erwachsenen. Die Gedanken, man mache es besser als seine Eltern, suggeriert doch sofort, dass man es schlecht hatte. Dabei sollte man sich im Erwachsenenalter doch bewusst sein, dass es vielleicht sogar gut war, dass man von seinen Eltern mal vor Hürden stehengelassen worden ist. Nur so konnte man lernen diese zu überwinden. Auch der Gedanke, dass unsere Kinder nicht so buckeln sollen, ist merkwürdig, in Angesicht der Tatsache, zu welchem Wohlstand eben dieses Buckeln uns gebracht hat. Ist es denn dann so verkehrt zu buckeln, sich auch mal durch den Dreck zu arbeiten? Wir Erwachsenen wollen dies den Kindern aus dem Grund verwehren, dass wir es als Leid wahrgenommen haben. Ein Leid, welches unsere Kinder nicht ertragen sollen. Doch ohne Leid keine Entwicklung, ohne Schmerz keine Veränderung, ohne Hass kein Antrieb. Nicht jede Form von Leid ist schlecht. Nicht jede Form von Schmerz lässt uns verkümmern. Nicht jede Form von Hass lässt uns die Kontrolle über uns selbst verlieren. Es gibt Formen, die uns in unserer Entwicklung voran bringen und welche Aufgabe haben wir Erwachsenen dabei? Nicht jede Form des Schmerzes, Hass oder Leidens von der neuen Generation fernzuhalten, sondern dafür zu sorgen, wenn die Form sich in eine zu belastende Richtung bewegt, ihnen helfend beiseite zu stehen. Wenn wir aber eben diese Aufgabe zu weit treiben und unsere Kinder zu stark schützen, nehmen wir ihnen die

Grundlage ihr eigenes stabiles Lebensfundament zu erzeugen. Und dies ist schon für sich sehr traurig. Aber im Zusammenhang mit dem Werteverfall einer Gesellschaft sogar mit unter ausschlaggebend. Denn die neue Generation wird die nachfolgende Gesellschaft prägen. Je mehr wir also durch unser Handeln unsere Kinder in die Unselbständigkeit treiben, eröffnen wir den Sozialisten und Kommunisten Tor und Tür, da eben diese Mächte ein unselbstständiges Volk benötigen um zu funktionieren. Das übermäßige Verwöhnen unserer Kleinsten ist also gefährlich was die Grundwerte betrifft, auf die unsere Gesellschaft fundamentiert ist. Unsere heutige Jugend bekommt stellenweise sämtliche Belege, für eigentliche Leistungen, nur noch so hinterher geschmissen. Wie bereits in dem Bereich der Bildung etwas näher erläutert. Bleiben wir aber bei dem Verwöhnen unserer Kinder. Wie war das denn früher, wenn der Lehrer dem Kind eine Strafe aufoktroyiert hat? Es gab zuhause direkt noch einen oben drauf. Mit anderen Worten man hat die Autorität geschätzt, wenn auch dies seine Nachteile mit sich bringt. Dennoch musste das Kind sehr gut begründen, warum es sich gewisse Rechte rausnehmen wollte. Oder bei den Noten. Wenn eine schlechte Note vorlag, war es die Faulheit der Kinder bzw. der Fehler lag bei dem Kind, auf welche Art und Weise auch immer. Entweder war es nicht gewillt unverstandene Dinge nachzufragen oder es für sich auf eine Art zu lernen, die es für das Kind begreiflich machte. Die Eigenverantwortung der Kinder wurde also eingefordert. Allerdings muss man sagen, dass die Aufteilung des Schulsystems früher wesentlich zielführender war, was eine eigenverantwortliche Gesellschaft betrifft, als das, was heute unser Schulsystem ausmacht. Wie verhält es sich heute, wenn ein Lehrer ein Kind bestraft? Dann kommen die Eltern an und zeigen den Lehrer an oder die Schüler selbst drohen mit ihrem Anwalt, da sie ja Rechte haben. Bei schlechten Noten ist es das Versagen des Lehrers und niemals die Faulheit des Kindes. Immer öfter sieht man diese Strukturen. All das führt dazu, dass die Lehrer es, um nicht angeklagt zu werden oder nicht unter ständigem Druck der Eltern stehen zu müssen, den Kindern besonders einfach machen um durch ihre Prüfungen zu kommen. Das wiederum hat mit einen Abfall der Leistungen und damit dem Wert hinter den Zertifikaten zu tun, was wiederum das Ansehen der Zertifikate im globalen Sinne schädigt. Und diese Ursache ist dem einfachen Grund verschuldet, dass die Eltern ihre Kinder, aus welchem Grund auch immer, verwöhnen wollen.

Welche Veränderung nehmen wir noch wahr, was unsere Jugend betrifft? Die Entkoppelung von Pflichten was die Rechte betrifft. In meinem Verständnis geht das eine nicht ohne das andere. Wenn du Rechte erhalten möchtest, musst du Pflichten erfüllen. Auch was Grundrechte betrifft. Jedes Grundrecht einer Gesellschaft ist an eine Grundpflicht gekoppelt. Und das ist, auch wenn es für die meisten nicht wahrhaftig klingt, eine Tatsache. Ich habe das Recht auf Unversehrtheit, auf Freiheit und diverse andere. Diese Rechte werden mir jedoch dann verwehrt, wenn ich sie bei anderen breche. Mit anderen Worten: Ich hab diese Rechte, die so genannten Grundrechte, nur dann, solange ich diese als ebenwürdige Pflicht bei allen anderen einhalte. Recht auf Eigentum. Ja, solange ich nicht das Eigentum anderer stehle, habe ich dieses Recht. Verhalte ich mich also entgegen der Grundrechte, stehen mir diese auch nicht länger zu. So einfach ist das Prinzip normalerweise. Wie sieht unsere Jugend dies allerdings aktuell? Rechte weit vor den

Pflichten. Sie handeln, wie es ihnen gerade passt und wenn man sie maßregeln möchte, kommen sie mit ihren Rechten. Dass sie diese verwirkt haben in dem Moment, als sie selbst gegen eben diese Rechte verstoßen haben, ist ihnen nicht mal mehr bewusst. Sie würden sonst wesentlich respektvoller mit ihrem Umfeld umgehen. Mit anderen Worten. Ich kann mir nicht das Recht herausnehmen, die Ehre meines Lehrers zu missachten und am Ende verlangen, dass eben dieser mich mit Würde und Respekt behandelt. Man kann nicht die Leistung eines anderen Stehlen (abschreiben, mogeln, spicken) und dann erwarten, dass ich dieselbe Achtung und Behandlung erfahre, wie der, der selbständig gearbeitet hat. Man kann nicht seine Stimme erheben und sich dann angegriffen fühlen, wenn es einem ebenso zurück geworfen wird. Mit dem penetranten Erläutern, welche Rechte Kinder doch haben, durch die Polizei an Schulen, in Lehrgängen für Kinder, in denen mit keiner Silbe erwähnt wird, dass sie diese Rechte nur dann innehaben, wenn sie sich an die gesellschaftlichen Strukturen, die diese Rechte hervorbringen, auch halten. Man kann doch von einem Kind nicht erwarten, dem man nonstop eintrichtert, welche Rechte es doch habe, dass es diese dann nicht einfordert. Ohne einen Gedanken daran zu verschwenden, was es für diese Rechte zu tun hat. Oft hab ich schon erlebt, dass ich mit Kindern was die Frage der Würde und des Respektes betrifft, aneinander geraten bin. Situation ist folgende:

Ich sitze an einem Tisch, die Kinder oder ein einzelnes Kind oder Jugendlicher setzt sich zu mir, um in meiner Gesellschaft zu sein. Holt sein Handy raus und spielt damit herum. Was dazu führte, dass ich den Kindern ihr Handy weggenommen habe! Was sie mir dann entgegenbrachten war folgendes: das ich dies nicht dürfte. Es verstoße gegen ihre Rechte. Meine Antwort darauf war dann jedoch diese:

Nimm dein Handy und geh! Setze dich wo anders hin. Weder klaue ich dir dein Handy, noch blicke ich hinein um deine Daten zu kontrollieren. Jedoch fordere ich deinen Respekt ein, wenn du dich zu mir an den Tisch setzt. Eben diesen Respekt, den auch ich dir entgegen bringe und mir sogar mit Freude Zeit für dich nehme. Doch wenn du der Meinung bist, dass dein Handy und was auch immer du damit gerade machst, wichtiger ist, dann erhebe deinen respektlosen Arsch. Kläre, was es an deinem Handy zu klären gibt und komme wieder, wenn du gewillt bist, dich mit mir respektvoll auf Augenhöhe zu unterhalten und mir Gesellschaft zu leisten.

Damit habe ich das Gespräch meistens beendet und die Kinder sind entweder gegangen oder haben begriffen, worum es mir ging und ihr Handy freiwillig in ihren Taschen gelassen. Sie forderten ihr Recht ein, welches sie jedoch in dem Moment verwirkt haben, als sie sich an meinen Tisch gesetzt haben und in meiner Gesellschaft waren. Um mich nicht falsch zu verstehen.

Punkt eins: sie kamen zu mir, nicht ich zu ihnen. Damit sind sie in meine Privatsphäre eingedrungen und haben dann die Pflicht sich dieser anzupassen um gleiches Recht zu erfahren.

Zweitens: mit der Aussage, sie haben sich in meine Gesellschaft begeben bedeutet, dass sie sich den Gegebenheiten, der bereits vorherrschenden Gesellschaft und den damit vorherrschenden Werten, anpassen müssen. Was nicht bedeutet, dass diese sich nicht in ihre Regeln und Werte, nach einer Absprache, verändern kann. Doch alleine dieses einfache Prinzip, welches die Jugend missachtet, weil es ihnen mittlerweile fremd oder altbacken erscheint, zeigt mir auf, dass die Jugend nicht gewillt ist über die Konsequenzen ihres eigenen Handels nachzudenken. Allerdings ist sie aber sehr wohl imstande sich zu beschweren, wenn das Handeln der reaktionären Person nicht so ist, wie sie es sich erwünscht haben. Mit anderen Worten: Sie sehen die Fehler lieber bei dem anderen als bei sich selbst und das bei nahezu jeder noch so kleinen Thematik. Ja, das ist nichts, was es nicht schon immer gab, jedoch fördert der Umgang des Verwöhnens unserer Jugend eben diese Attitüde. Und auch das penetrante Einbläuen wie viele tolle Rechte sie doch haben, sorgt dafür, dass sie immer erwarten, egal welches Handeln sie selbst vorlegen, eine Reaktion zu erhalten, dessen Rechte sie doch haben.

Das politische Wirken ist hierbei nicht weniger stark zu hinterfragen, da es die Politik war und ist, die strukturelle Veränderungen im Bildungssystem vorgenommen hat. Auch das Anpassen von autoritären Bildungs- und Erziehungsstrukturen hin zu laissez fairen Konzepten, konnte durch ein Zusammenspiel der Erwachsenen, die zu viel Leid von ihren Kindern fernhalten wollten und der Politik, sowie den Medien, die das neue Konstrukt als moralisch wertvoller projizieren, eingeleitet werden. Wer sich hier keine geplante Einflussnahme durch Machtinhaber mehr vorstellen kann, den erinnere ich gerne an ein Zitat von Stalin welches in etwa so lautete.

„Gebt mir die Kinder einer Gesellschaft und ich erzeuge die perfekte Gesellschaft."

Wer ein solches Zitat ausspricht und sich der Bedeutung bewusst ist, weiß auch an welchen Hebeln er strategisch ansetzen muss, um diese tiefgehende Manipulation durchzusetzen. Das ist nichts weiter als geostrategisches Schachspiel. Aber dazu an anderer Stelle mal mehr. Aktuell blicken wir also auf den politischen Nutzen. In der Politik geht es überwiegend um Stimmenfang. Also ein schönes Äußeres erzeugen, was inhaltlich drin steckt spielt kaum eine Rolle, da meist eh nichts von Wahlversprechen eingehalten wird. Die Politik vertritt und vertrat schon immer eher sich selbst, als dass sie die Bevölkerung vertritt. Durch den extrem aufgeblähten Bundestag in Deutschland wird Stimmenfang immer wichtiger, um sich für seine Partei genügend Versorgungspositionen zu sichern. Daher wird nahezu nur noch moralisiert in der Politik und es geht meist nicht um sachliche Fakten, sondern um das Darstellen der Moral im Sinne, dass die Moral, die Partei XY vertritt, besser ist als die der anderen oder so gut es geht die Moral der anderen als herzlos widerzuspiegeln. Mit Blick auf die Bildung ist jedoch zu betrachten, dass das Interesse der Regierung nicht gerade darin liegt, dass deren Bürger kritisch und eigenverantwortlich sind. Dies würde viel Gegenwehr und ein eher schwierigeres Regieren abverlangen. Allerdings wäre es demokratischer, liberaler und vor allem näher an unseren fundamentalen Grundwerten, als die Bürger unkritisch zu erziehen, nur um es beim Regieren leichter zu haben. Daher hat die Politik den Abbau der Bildungsstruktur mit Kusshand unterstützt, anstatt sie zu hinterfragen und zu verstehen, dass, wenn sie ihren einzigen wahren Ressourcenvorteil aufgibt, sich am Ende nur ins eigene Fleisch schneidet. Da sich unser Regierungspersonal allerdings nicht unbedingt mit großer Berufserfahrung oder Bürgernähe rühmen kann, ist auch klar, welchen Kindesgeistes diese elitäre Runde zum Großteil ist. Das gesamte politische Gefüge ist so vernetzt, dass man als Außenstehender, der vom alten System oder gegen die Neuausrichtung ist, es kaum schaffen wird, Fuß in der hohen Politik zu fassen. Aber die Positionierung und Umstrukturierung des politischen Systems ist ein anderes Themenfeld, welchem ich mich hier nicht widmen werde. Wichtig ist gerade nur zu verstehen, dass die Politik ein Interesse an einer Jugend hat, die wenig kritisch ist und das Handeln der Politik nicht hinterfragt. Daher haben die politischen Kräfte sich ebenfalls dafür eingesetzt, dass alles daran gesetzt wurde, um das kritische Denken aus der Bevölkerung heraus zu erziehen.

Auch die Konzerne, Firmen und Investoren sind nicht unbedingt an einer breiten kritischen Masse interessiert. Also haben auch diese dem Markt Anreize gegeben, alles zu tun um das zu verhindern. Einerseits sehr aktiv durch Werbung, andererseits indirekt manipulativ, in dem nur noch Gelder für gewisse Bereiche ermöglicht werden. Auch das Drängen Grundversorgungsposten zu privatisieren ist ein Teil dessen, kritische Bürger auszumerzen. Wenn die Strom-, Wasser- oder Gesundheitsbranche gänzlich in privaten Händen ist, kann dem kritischen Denker schnell und sehr rabiat das Leben schwer gemacht werden. Außerdem sind die Einflussnahme und das Druckmittel der Konzerne mit Grundversorgungsprodukten wesentlich höher. Es geht also auch um die wahrhafte Souveränität einer Nation. Private Unternehmen unterliegen nicht dem Interesse der Öffentlichkeit, niemals so, wie es der Staat tut, auch wenn dieser sich gerne aus seiner Verantwortung heraus drücken will. Private Konzerne sind aber an Wachstum und Kapitalkonzentrierung interessiert. Auch Innovationen an sich zu binden oder Expertisen auszubilden, die aber nur unter ihren Logo Anerkennung erfahren, sind gern genutzt um sich strategische Monopolstellungen zu erarbeiten. Ihr haltet das für übertrieben? Nun gut. Warum gibt es dann

Lobbyismus? Warum treffen sich Regierungschefs mit Konzernchefs und halten Meetings, nach denen irgendwelche neuen Regelungen getroffen werden, die im Großen einen positiven Weg dem Konzern offenbaren? Ist dies dann purer Zufall? Jeder kennt solche Fälle. Jeder weiß grob, auf was ich hinaus möchte. Vergesst nicht, dass Geschäftsleute geldhungrig sind, Macht anhäufen wollen und dafür sehr weit gehen. Und noch weiter gehen, erworbene Macht nicht wieder zu verlieren. Warum haben aber Konzerne noch ein Interesse an der Verwöhnung der Jugend? Ganz eindeutig sind die Jugendlichen heutzutage wohl die größten Konsumenten. Früher hat man Kleider noch repariert oder die von seinen Geschwistern aufgetragen. Heute schmeißt man weg und kauft neu. Früher hat man Spielzeug noch selbst gebaut und die Kinder hatten nicht viel. Sie nutzten mehr ihre Vorstellungskraft und Kreativität. Heute ist alles aus Plastik, sieht total toll aus und überflutet die Kinderzimmer. Also alleine aus dem Grund, dass Eltern die Kinder verwöhnen wollen, sind die Kinder und Jugendlichen doch super Kunden. Sie können die Taschen der Eltern leeren für das Wohl der Kinder. Wenn die Bürger kritischer wären und dann auch nachhaltiger, wäre der Konsum um ein Vielfaches gemindert. Das würde weniger Umsatz bedeuten, also weniger Machtausbau der Konzerne. Und auch im arbeitstechnischen Sinne ist ein Angestellter, der nicht fragt, sondern das tut was man ihm sagt, doch in den meisten Fällen angenehmer, als einer, der nicht nur springt, sondern seinen Wert kennt und sich damit nicht ausnutzen lässt. Anders betrachtet, bedeutet das moralisch gesehen, steht derzeit so ziemlich alles gegen den Liberalismus. Und dennoch wird der Schein dessen gewahrt, als ob wir noch liberal wären, auch wenn wir es nicht sind. Wie sagt man doch so schön Der Sozialist oder auch Kommunist und Diktator kommen nicht an und sagen, dass sie es sind. Sie werden im Nachklang als dieses bezeichnet. Denn kaum jemand wählt freiwillig seinen Henker, außer sie sind so indoktriniert, dass sie es nicht einmal mehr bemerken. Frei nach dem Motto: den Wald vor lauter Bäumen nicht zu sehen.

Oder aber auch die ach so tolle angebliche Toleranz unserer neuen Generation ist mehr Schein als Sein. Toleranz kennt nur ein Wort, Akzeptanz. Welche Wörter kennt die Toleranz der heutigen Tage denn noch so? Verurteilung, Diskriminierung, Diffamierung, Müssen, Argwohn und diverse andere. Ganz gleich, ob im Gendersinne oder in der Frage der sozialen Gerechtigkeit oder der Emanzipation. Nur wer sich dem Mainstream beugt, darf sich gedankenfrei äußern. Wer jeden so akzeptiert wie er sein will, aber einfordert, dass man nicht Teil dessen sein will, also sagt, lebe es da aus wo der Platz dafür ist, wird bereits diffamiert und als intolerant betitelt oder als radikal abgestempelt. Toleranz hat seine Grenzen da, wo das Handeln des einen, den privaten Radius der anderen beginnt zu tangieren. Ab da gibt es Kompromisse. Kompromisse sind nicht das Aufgeben der Toleranz, sondern das Akzeptieren der Toleranz von jeder beteiligten Person. Ein einfaches Beispiel ist die Sexualität.

In der Gesellschaft ist das Zeigen von Wohlbefinden und Zuneigung zu seinem Partner nur bis zu einem gewissen Grad akzeptabel, ansonsten betitelt man dies als Erregung öffentlichen Ärgernis. Ob nun Mann und Frau es zu weit treiben, Mann und Mann oder Frau und Frau spielt dabei keine Rolle. Sondern es ist die Frage von der Gesellschaft, in der man sich aufhält. In einem Swinger Club stört sich wohl kaum jemand daran, egal wie weit die Leute gehen. Wobei auch da klare Grenzen gesteckt sind. Wie, ein Nein heißt nein oder extreme Praktiken sind in dafür vorgesehenen Bereichen vorzunehmen. Oder dass es Bereiche gibt, wo die alltäglichen Gepflogenheiten gelten. In einem normalen Restaurant ist es die Frage der Gesellschaft und vor allem der Hausordnung. Im Allgemeinen ist zu wildes und leidenschaftliches Herumgeknutschte bereits grenzwertig und wird gebeten, dezent gelassen zu werden. Und dabei ist es unerheblich, ob hetero- oder homosexuell. Hier wird nicht die Person nicht toleriert, sondern das zur Schaustellen und dass damit andere Leute unangenehm berühren zu können. Man toleriert dennoch jedes Pärchen wie es ist, aber nach außen haben sie sich der Gesellschaft gegenüber nach gewissen Regeln zu präsentieren! Ansonsten werden sie mit der Konsequenz leben müssen. Rechte und Pflichten sind ineinander eben verwoben. Also, egal welche Vorliebe, welcher Sexualität ich mich zuordne, darf ich dies nur bis zu einem gewissen Grad, überall wo ich mich aufhalte, präsentieren. Je nach Ort mehr oder weniger. Man nennt es auch Anstatt und Manieren. Es gibt nun mal Orte, wo dies einfach unpassend ist. Das ist nicht beleidigend, anmaßend oder diskriminierend dieses dezente Zurückhalten des Privatlebens in der Öffentlichkeit einzufordern, sondern es ist das Einfordern der Pflichten, damit ich mein gegenüber tolerieren kann. Das wäre mein Verständnis von Toleranz, im Groben beschrieben. Doch die derzeitigen Gender-Debatten, vor allem durch die junge Generation getrieben oder auch in Klimathematiken, sehen gänzlich anders aus. Toleranz hat die Bedeutung bekommen, die Moral annehmen zu müssen, die am besten verkauft wurde. Stelle dich dagegen und nehme eben hin, dass du Repressalien erfährst. Ja, hast du dann doch nicht anders verdient. Stellt sich mir die Frage, wo bleibt dort die Toleranz? Stimmt existiert nicht. Das nennt sich Verengung des Meinungskorridors. Es gab mal Zeiten, da war dies gesellschaftlich verwerflich. Man hatte den Diskurs gesucht. Andere Beispiele der heuchlerischen Toleranz sind Quotenpositionen. Und ja, auch die Frauenquote. Quoten haben einen Aspekt, der ins Verderben der Qualität führt. Positionen, die mit Quoten belegt werden, sorgen dafür, dass nicht der Bestgeeignete diese erlangt, sondern auch Minderqualifizierte, die sich auf ihre Leistung berufend, diese Position nie erarbeitet hätten. Wo ist da die Toleranz vor allem bezogen auf Emanzipation. Wie soll jemand tolerieren, dass, obwohl er sich mehr Mühe gegeben hat, er oder sie mehr Fleiß aufgebracht hat, eine Position wegen der Quote nicht erhält? Und dann von jemanden angeleitet wird, der unqualifizierter und weniger leistungsbereit ist? Dazu kommt, dass die Quotenposition ständig mit ihrer eigenen Autorität zu kämpfen hat, da alle wissen, dass die Person dort nicht ist wegen ihrer Leistungen, sondern wegen der Erfüllung einer gewissen Eigenschaft wie zum Beispiel dem Geschlecht. Diese Personen werden nie den Respekt erfahren, den jemand erfährt, der sich seinen Weg hart mit Leistung erarbeitet. Auch hier greift die Umstrukturierung des Abkoppeln der Pflichten von Rechten, sodass sich der fehlende Respekt noch mehr intensiveren wird. Außerdem lässt es die Jugend begreifen, dass Leistung keine Rolle spielt, sondern ihre Ausrichtungen. Was ebenfalls zu einem Rückgang an Leistung führt und dafür das Ausruhen auf Besonderheiten wie Homosexualität oder Hervorheben von Behinderungen, Schwächen fördert, ganz nach dem Motto:

Ich bin doch eine Minderheit. Es ist mein Recht

auch die Chance zu erlangen.

In meinem Verständnis der Toleranz hat auch jeder das Recht alles zu erreichen, allerdings je größer die Schwäche oder Besonderheit, umso mehr Mühe und Fleiß muss bewiesen werden. Dafür wirkt die Achtung und Ehrbarkeit ebenfalls um einiges höher, wenn es dann jemand schafft. Geschenkte Dinge erfahren nie die Wertschätzung wie erarbeitete. Das begreift jeder schnell, der seine Sachwerte betrachtet und merken wird, die die sehr hart erarbeitet wurden sind wesentlich gewichtiger als die, die bloß belanglos geschenkt wurden, aber im Geldwert eventuell sogar höher sind. Leistung wiegt eben mehr als Geschenke. Unabhängig davon, ob jemand sich für den Schutz der Gleichberechtigung aller vor dem Gesetzt einsetzt oder nicht, ist die aktuelle Gender-Debatte bei genauem Betrachten ein Lügenspiel dessen, was wahrhafte Toleranz bedeutet. Jeder darf seine Meinung haben. Jeder darf gewisse Dinge nicht als schön erachten und dies auch betiteln. So wie das auch andere das Handeln eines selbst als nicht gelungen empfinden dürfen. Was diese auch äußern dürfen. Das einzige was nun eine Rolle spielt, ist der Kompromiss. Leben und leben lassen, eine gemeinsame Lösung zu finden. Sexualität und damit im weitesten Sinne auch auf Gender bezogen, wird im gemeinschaftlichen öffentlichen Raum sexuelle Zuneigung nicht stark praktiziert. Wenn nun Homosexuelle dagegen verstoßen und es anderen auffällt, ist die Konsequenz nun mal, dass sie sich damit abfinden auch und mal hören müssen, dass es unpassend ist und sie das zu unterlassen haben. Gleiches gilt auch für ein Liebespaar, welches meint Sexspiele in der Öffentlichkeit auszuleben. Man ist aber nicht sofort homophob, wenn man dieses äußert. Oder wenn Leute ihre Fetische in die Öffentlichkeit tragen und man sich äußert, ist man je nach Art des Fetisch anti dies oder anti das. Dabei ist den Leuten, die dies äußern, eventuell gänzlich egal was die Leute privat treiben. Man möchte es nur nicht in der Öffentlichkeit miterleben. Bei dem Thema Fetisch gibt es bei dieser Toleranzdebatte ohnehin ein so genanntes Paradoxon. Homosexualität, Trans etc. muss stillschweigend hingenommen werden und sogar hervorgehoben werden, aber zu starke Fetische bitte dann doch nicht. Wenn, dann aufgezwungene Toleranz doch bei jeder Minderheit. Aber daran sieht man die heuchlerische Einstellung der modernen Auslegung der Toleranz sehr gut. Nun gut, belassen wir das. Wie ihr seht ein toleranter Kompromiss wäre, dass man sich einigt, dass sexuelle Zuneigung nur in privaten oder dafür geeigneten Räumen erlaubt ist. Für jeden gleich. Im beruflichen Sinn sollte die Sexualität keine Rolle spielen. Aber dabei sei gesagt, dass es hier auch sehr kompliziert wird. Halte die Sexualität aus dem Beruf heraus und dann spielt es keine Rolle. Lässt du deine Sexualität in deinen Beruf hinein fließen, ist es nun mal Frage des Arbeitgebers, ob das hingenommen wird oder verurteilt wird und das mit Recht. Also keine öffentliche Debatte sollte auf diese Entscheidung Einfluss nehmen, da die öffentliche Debatte mal lautete: Grundregel, halte deine Sexualität aus dem Beruflichen heraus. Durch die Umerziehung der Kinder pochen diese jedoch auf ihr Recht und durch die pervertierte Gender-Debatte glauben nun alle Minderheiten, dass sie einen besonderen Schutz und damit besondere Rechte haben. Ohne zu berücksichtigen, dass besondere Rechte auch besondere Pflichten bedeutet. Würde dies akzeptiert werden, könnte, so glaube ich, jeder damit leben. Wer aber aufgrund seiner Besonderheit sich erhofft Vorteile zu erhaschen, darf sich über die Missgunst der anderen nicht wundern. Wie es in den Wald hinein schallt, so schallt es hinaus. Ein doofer aber weiser Hausmütterchen-Spruch, der mehr philosophische und ethische Grundsätze unserer Gesellschaft vermittelt, als jede langgezogene Gender oder Emanzipations-Debatte. Diese pervertierten Debatten haben dazu auch noch große Einflussnahme auf die wenig kritischen und auf ihr Recht pochenden Jugendlichen.

Das Gleiche Prinzip der Einflussname durch moralisierte Argumente findet man in der Klimadebatte. In den Schulen lernen die Kinder ein Verständnis von Wissenschaft, welches im Grunde gar nicht wissenschaftlich ist. Sie lernen, der Dozent ist oberste Instanz der Wahrheit diese Manifestierung. Er lässt es zu, dass durch mediale Präsenz dargestellt werden kann, dass eine gewisse Theorie der Wissenschaft der gemeinsame Konsens ist. Auch wenn zur selben Thematik noch ganz andere Sichtweisen, zu gleichen Fakten, existieren. Die nicht kritische Gesellschaft lässt sich auf die moralisierende Medienmacht ein und nimmt es hin, was wiederum zu Diffamierungen der kritisch Denkenden führt. Kritisch bedeutet, eine andere Sichtweise zu haben als es die Massenmedien präsentieren. Die also das vorgegaukelte Narrativ anzweifeln. So verhindert die Umstrukturierung der Denkweise der Jugend und Kinder eine wahrhafte Toleranz in der gesamten Nation zu etablieren. Dies ist ein Prozess, der nicht von heute auf morgen injiziert werden kann, sondern über mehrere Generationen strukturell aufgebaut wird. Man kann hier ganz klar von einem geostrategischen Handeln im manipulativen Sinne zum Erzeugen neuer Grundstrukturen sprechen.

Langsam bekommt ihr eventuell ein Verständnis dafür,

wie tiefgründig das Verändern unseres Bildungssystems wirklich ist. Ob dies bewusst oder nicht bewusst gemacht wird, lasse ich jetzt in diesem Moment mal außen vor. Was man jedoch bei alldem sehen und anerkennen muss, ist die Tatsache, wie hervorragend die Regierung die neue Denkweise für ihre Agenda nutzt. Jede Krise kann man nutzen. Jede Veränderung ist eine Möglichkeit für jeden und alles. Und in diesem Fall der Bildung wurde es von den Konzernen und der Regierung zur Anhäufung von Machtstrukturen exzellent genutzt.

Was ebenfalls eine starke Veränderung der Jugend auslöst, ist die so genannte Selbstverwirklichung. Es wird den Kindern erzählt man tue das alles für deren Selbstverwirklichung. Man möchte ihnen die beste und gleichberechtigtste Bildung bieten. Was ja auch auf den ersten Blick sehr schön und positiv belastet aussieht. Jedem soll die gleiche Bildung zu kommen. Jeder soll gleichermaßen behandelt werden mit denselben Maßstäben. Man soll lernen sich gegenseitig zu helfen und damit lernen, alle sind gleich. Was voraussetzen würde, dass wir alle gleich wären. Oh?! Jetzt fällt mir da aber auf, wir sind nicht alle gleich. Wir sind nicht mal im Ansatz gleich, sondern jeder ist individuell verschieden und dabei spreche ich nicht einmal vom unterschied Mann - Frau. Auch nicht weiß - gelb oder schwarz. Nehmen wir mal die Fähigkeiten des Wahrnehmens. Jeder weiß, dass es unterschiedliche Lerntypen gibt. Der eine kann extrem gut durch zuhören Dinge lernen und begreifen. Der Nächste, wenn er etwas aufschreibt und dann wieder jemand, der es liest oder eine Kombination von den Faktoren oder nur durch praktisches umsetzten. Alleine die Fähigkeit des Lernens ist verschieden, soll aber gleich gelastet werden? Erkläre mir bitte mal jemand wie das möglich ist und wie das die Selbstverwirklichung fördern soll. Würde man die Leute nun unterscheiden und je nach Lerntyp aufteilen, wäre das ja keine Gleichstellung mehr. Der Selbstverwirklichung jedoch würde es näher kommen. Ich zeige den Kindern direkt, dass sie es lernen müssen ihre Stärken zu begreifen und diese nutzen sollen, um ihre Ziele zu erreichen. Und sie es nicht so machen müssen wie alle, auch wenn dies dann Gleichberechtigung bzw. Gleichstellung und somit richtig wäre. Aber vielleicht fehlt mir hier der springende Punkt, der mir die Logik der Gleichstellung der Bildung offenbart, wie den Kindern so zur Selbstverwirklichung geholfen werden soll. Auch hier ist mein Empfinden, dass das alte System der Bildung, welches die Kinder nach Leistung und Fertigkeiten aufteilt, die Selbstverwirklichung wesentlich besser fördert, als das Neue. Bleiben wir aber mal bei den Punkten der Emanzipation, Selbstverwirklichung und den Quoten. Was ist der Nutzen der Regierung, dass sie diese Debatten in diese doch sehr fragwürdige Richtung treiben? Ein Aspekt, den ich hier sehe, ist das Steuereinkommen der Regierung. Zu was führt die Debatte der Emanzipation, Gender und Selbstverwirklichung im groben? Zur Verteufelung der Hausfrau oder des Hausmannes. Zur Verteufelung der Struktur von Mann – Frau - Kind. Dazu, dass beide Eltern arbeiten gehen, was die Steuern immens erhört hat und auch hier fehlt mir die Gleichberechtigung, die die Regierung ja angeblich so für wichtig erachtet. Warum werden dann nicht alle, was die Lohnsteuer betrifft, gleich besteuert? Warum unterscheide ich in Familienständen. Doch bloß, um so viele Steuern zu generieren, wie es eben geht. (Steuerklassen). Doch ist dies nicht gleichberechtigt sondern eine Verzerrung dessen. Für die Politiker jedoch sehr lukrativ. Da sehe ich also ein fundamentales Interesse der Politik an der Pervertierung der Debatte der Selbstverwirklichung, Emanzipation etc. um ihr eigenes finanzielles Machtverhalten wachsen zu lassen. Wer hier nun sagt, ja, aber diese Steuern sind doch nötig. Bitte, dies artet in eine Grundsatzdebatte aus. Wie viel Macht ein Staat haben sollte und wie viel eben nicht. Auf vieles könnten wir verzichten. Auf anderes, was privatisiert wurde, hätte man besser nicht verzichtet. Aber gut. Das ist ein Thema für ein anders Buch. Aber das Interesse an Erhöhung der Einnahmen der Regierung fördert die Umerziehung der Kinder. Würden diese kritisch hinterfragen, was es wahrhaftig bedeutet, sich selbst zu verwirklichen, würden sie eventuell merken, dass es mehr gibt als bloß Konsum und Regierungshörigkeit. Das wiederum würde einzelnen Politikern den Job kosten. Da eine kritische Bürgerschaft eigenverantwortlicher Handeln würde und es somit nicht zulassen würde, dass der Staat so viel unnütze Ministerien erzeugt oder Extraposten für den Schutz der Minderheiten aufbaut. Da diese wenig wertschöpfend sind und dies mit der einfachen Pflicht, lass deine Sexualität zuhause, erledigt ist. Wenn du als Schwuler meinst dich wie eine Frau oder wie eine Diva aufzuführen, ist das schlicht ein Verhalten, was der Firma schaden kann. Möchte man dies dennoch tun, sollte man sich einen Job suchen, wo dies möglich ist. Dies gilt auch für Heteros mit ihrer Sexualität. Bagger alle weiblichen Kunden oder Kollegen an und es kann dazu führen, dass du deinen Job verlierst. Leistung und Anstand vor der Minderheitenhervorhebung. Wobei zur Thematik der Emanzipation man noch mal gesondert etwas sagen sollte.

Solidarität angesichts der verzerrten

Wahrnehmung

Auf all das betrachtet, muss man nun die manipulativen Faktoren, die Einfluss auf die Deutungshoheit der Solidarität nehmen, ebenfalls berücksichtigen. Diese funktionieren nur deshalb, weil die Grundstruktur der Wahrnehmung der neuen Generationen grundlegend umstrukturiert wurde. Solidarität ist ja auch bloß eine reine Auslegungsfrage, hinsichtlich dessen was solidarisch ist, sprich welches Handeln als dieses ausgelegt wird. Wie immer versuchen wir also mal eine Reindefinition des Wortes Solidarität zu eruieren. Also so objektiv wie möglich.

Das Einsetzten sowohl handelnd wie aber auch geistig, moralisch, für ein und dieselbe Sache, um gemeinsam ein Ziel zu erreichen oder den Anderen bei dem Erreichen seines Zieles zu unterstützen.

Anders könnte man in der Umgangssprache sagen, gemeinsam sind wir stark. Nun, was fällt mir bei dieser Definition direkt auf. Das Wort ist abhängig und ausschließlich existent in einer Gemeinschaft! Als Einzelperson ist Solidarität nicht existent. Das bedeutet im Gleichen auch, dass das Narrativ der Gesellschaft vorgibt wo und wann und weshalb man solidarisch sein soll oder wann man es ist. In der Zeit wo Medien das Narrativ erzeugen, ist also ganz eindeutig zu sagen, dass die Medien sagen, wann man solidarisch zu sein hat und wann nicht. Auch welche Art des Handels als solidarisch gilt, ist nicht Teil der Definition, was es somit zu einem variablen Parameter macht. Ich kann das Wort also sehr gut und einfach moralisch missbrauchen, um Zielsetzungen zu unterstützen, die ohne Moralisierung keine Unterstützung erhalten würden. Da Solidarität nur in der Gesellschaft existent ist, sollte auch hier die freie Entscheidung oberster Aspekt sein. Manipulative Solidarität ist ein hervorragendes Machtinstrument für Kommunisten, Sozialisten oder Diktatoren, um sich ihren Platz in der Gesellschaft zu etablieren. Wenn man also das Gefühl bekommt nur solidarisch zu sein, weil die Masse oder die Medien es verlangen, weiche ich nahezu schon davon ab, es überhaupt Solidarität zu nennen. Wenn hingegen die freie Entscheidung, das selbstständige Denken und der freie Entschluss dazu führen, dass man solidarisch handelt, ist die Qualität dahinter eine wahrhaftigere. Aber dies tut nichts zur Bedeutung des Wortes bzw. zur Sache. Auch wenn man es im Hinterkopf behalten sollte, da es zur Bewertung der Art der Solidarität Rückschlüsse bietet. Man sieht also, dass gerade dieses Wort eigentlich ein Aspekt ist, der weniger auf Sachlichkeit beruht. Solidarität setzt Emotionen und moralische Prinzipien voraus, die, wie wir wissen, nichts mit der Individualität und freien Entscheidung eines jeden Einzelnen zu tun haben. Fordert nun also jemand Solidarität von euch ein, solltet ihr euch die Frage stellen, ob es wahrhaftig Sinn macht, diese der Person auch zu geben und ob ihr dessen Handeln wahrhaftig unterstützen wollt. Je UN-kritischer ihr dabei seid und einfach mithandelt, da es ja solidarisch und damit im allgemein betrachteten Wege positiv behaftet ist, umso weniger habt ihr am Ende die Kontrolle über die Situation. Genauso kann jeder behaupten, dass er es ja eigentlich nicht wollte, also sich aus der Verantwortung heraus stehlen. Dies führt dazu, dass UN-selbstständig erzogene Menschen schnell auf diesen Zug der vorgetäuschten Solidarität aufspringen, da sie es bevorzugen nicht selbst Verantwortung für ihr Handeln zu übernehmen. Das passt auch perfekt in das Bildungskonzept unserer Zeit. Wenn man sich jedoch selbstbewusst, frei und selbstbestimmt entscheidet solidarisch zu sein, so hat man ja auch das Interesse für sein eigenes Handeln geradezustehen. Man möchte also die Verantwortung übernehmen. Hier fällt schnell ins Auge, dass es zwei gänzlich unterschiedliche Definitionen der Solidarität sind über die wir sprechen können. Und das unabhängig von der Reindefinition des Wortes Solidarität. Sondern über die moralische mit Werten geprägte Auslegung dessen und wie man sie nutzt und wie sie entsteht, die Solidarität. Die erste Variante fordert blindes Folgen und Gleichschritt ein und bietet dafür konsequente Befreiung. Während die zweite Variante Eigenverantwortung und Konsequenzen mittragen zu müssen, einfordert und dies bewusst verlangt. Die erste Variante nimmt dem Menschen per se die Last der Entscheidung und Konsequenz im unmittelbaren Ausmaß ab. Was dabei jedoch schnell vergessen wird, ist, dass im Langfristigen das eigene Handeln, das blinde Mitmachen auch Konsequenzen haben kann. Vor denen man sich dann auch nicht mehr drücken kann. Die langfristigen Konsequenzen sind meist wesentlich erheblicher als die akuten. Sie liegen jedoch meist in der Zukunft und damit scheinen sie nicht greifbar für den Normalverbraucher. Es lässt die mitlaufende Person sogar nachher die langfristigen Konsequenzen so wahrnehmen, dass es nicht durch eigenes Handeln verschuldete Konsequenzen sind. Gefühlstechnisch glaubt man recht schnell, dass die Ereignisse unabhängig und unvermeidbar entstanden sind. Man kann also der Entwicklung selbst die Schuld zuweisen, was psychologisch für uns Menschen wesentlich angenehmer empfunden wird. Solange wir uns nicht selber die Schuld zuweisen müssen oder wir nicht die Verantwortung tragen, handeln wir Menschen doch sehr gerne mal etwas schneller und unüberlegter und machen Dinge mit, die strategisch unklug sind. Auch hier nimmt der Abbau bzw. die Umstrukturierung des Bildungssystems starken Einfluss auf das narrative Bild der Gesellschaft. Eine Generation, die zur Eigenverantwortung erzogen wurde, würde sich, was die solidarische Gesellschaft betrifft, eher der zweiten Variante zugezogen fühlen. Denn eine solche Generation weiß um ihr strategisches Handeln Bescheid und hinterfragt die Handlungen der elitären Gruppen wesentlich stärker. Auch da sieht man wieder, dass eine Regierung einen strategischen Vorteil hat, wenn die neuen Generationen weniger kritisch und eigenverantwortlich erzogen werden. Das sind zwar nur Indizien und keine empirisch belegbare Daten, aber im Spiel der Machtstrategie geht es auch nicht immer um belegbare Daten. Diese wären für die breite Masse leichter zu greifen. Was passiert nun, wenn eine Gesellschaft bei dem Wort Solidarität eher an die erste Variante denkt? An die Variante, die ihnen augenscheinlich die akute Konsequenz abnimmt. Sie lässt sich sehr leicht manipulativ Nutzen. Da greifen wiederum psychologische Prinzipien wie die Tatsache das Menschen ungern zugeben manipuliert worden zu sein. Obgleich es etwas ist, das allgegenwärtig ist, da wir im breiten Umfang das Wort Manipulation eher als etwas Negatives bezeichnen. Und dazu kommt die Entlastung der Konsequenzen, was in unserer derzeitigen Gesellschaft ja geradezu als das strebsame Handeln überhaupt erzogen wird. Allein aufgrund dieser beiden Faktoren macht ein einfaches Manipulationsspiel mit Desinformationen oder Statistiken, die so dargestellt werden, dass sie keinen Bezug zur Realität haben, es aber suggeriert wird, es den Manipulatoren leicht ihre Ziele und Agenden zu etablieren.

Damit sind wir auch schon bei der Art der Manipulation angelangt, die in der heutigen Zeit stark genutzt wird.

Moralisieren!

Durch das Etablieren einer Moral, die augenscheinlich gut ist, friedvoll ist und helfen soll, nimmt der Manipulator Einfluss auf die gesellschaftlichen Werte. Er wird im gleichen Zuge alles, was dieser Moral entgegen spricht, in einer Art und Weise darstellen, was moralisch verwerflich scheint, um dann auf breiter Fläche unreflektiert dieses beides zu präsentieren.

(Medien, ÖRR, Privatsender/ Konzerngeilheit der Machtkonzentration und Nähe des ÖRR zur Politik betrachten)

Für die nun bereits sehr UN-kritischen neuen Generationen erscheint somit eine neue Moral, ein neuer Wert der strebsam scheint. Fertig ist die Verschiebung der Werte innerhalb einer Gesellschaft. Und selbst in einer Demokratie ist dies legitimiert, da man ja eben durch diese Art der Manipulation die Mehrheit hinter sich bringen kann. Grundsätzlich strategisch schlau und listenreich. Aber im Kontext zu den ursprünglichen Werten auf die unsere Kultur basiert, ist diese Art langfristig fatal, da sie unweigerlich in eine Richtung geht, die einer Zerstörung gleichkommt. Um Platz für das neue System zu machen, muss das alte System weichen. Frei nach dem Prinzip „Moral vor Logik". Mit dieser Art der Moralisierung folgt dann auch sehr schnell die Diffamierung aller, die sich versuchen gegen das von medialer Macht erzeugten Narrativ zu wehren. Wichtig dabei ist zu beachten, dass dieses Narrativ nicht zwingend eine wahrhafte Mehrheit mit sich bringt, sondern über Manipulation und Druckmittel eben die notwendige Mehrheit statistisch oder unter Vorbehalt erzeugen kann. Solange eine Mehrheit optisch erzeugt ist, obgleich diese Wahrhaftig ist oder eben nicht, reicht es aus gewisses Handeln demokratisch zu legitimieren. Eine stark medial verbreitete UN-reale Mehrheit kann ebenfalls psychologisch zu einer realen Mehrheit führen. Da sich schwache Geister schnell dem medialen Druck beugen und gleichzeitig dann sogar sozialen Druck für die stärkeren Geister aufbauen. Gleiches funktioniert aber auch andersherum. Schafft man es eine wahrhafte Mehrheit optisch durch moralisierte Manipulation zu drücken, dass es nach einer Minderheit aussieht, kann man medial leicht dafür sorgen diese Gruppe zu ächten. Mit der Darstellung einer kleinen aber geächteten Gruppe, legitimiert man sogar eine Diffamierung dieser Leute auf sozialer Ebene.

Nun schauen wir uns mal an zu welchen Folgen die derart ausgeartete Moralisierung in unserer Gesellschaft führt. Nehmen wir das Beispiel der Gleichberechtigungsdebatte. Nur durch starke Moralisierung ist überhaupt eine Debatte entstanden, die absurdum führt. Gleiches Recht für alle ist ja simple und logisch, bedeutet aber auch im gleichen Maße, gleiche Pflichten für alle. Kann jemand eine Pflicht nicht erreichen, erlangt er das dazu gehörige Recht auch nicht. Natürlich im übertragenen Sinn. Also je mehr Pflichten ich in einer Gesellschaft stemmen kann, umso mehr Rechte habe ich. Wenn ich aber lieber weniger Belastung haben möchte und mich gewissen Pflichten entsage, darf ich auch nicht erwarten, dass ich dieselben Rechte habe wie der, der alle Pflichten auf sich bürdet. Damit sollte die Debatte im Großen und

Ganzen abgehandelt sein. Und die daraus hervorgehenden Debatten sollten darum gehen, durch welche Pflichten man sich welche Rechte erarbeitet. Wie sieht allerdings die Gleichberechtigungsdebatte aus? Man versucht einzelne Gruppen oder Personen mit denselben Rechten auszustatten wie derjenigen, die andere oder mehrere Pflichten auf sich bürden. Ohne hingegen ebenso diesen Gruppen mehrere oder andere Pflichten zu geben. Diese Tatsache ist doch weder sozial noch logisch! Sie basiert eben ausschließlich auf einer sehr stark moralisierten Ebene. Jedoch wird durch diese starke Moralisierung die volle Konzentration der Bevölkerung auf diese absurdum getriebenen Themen gelenkt und wahrhafte Probleme sind nicht mehr vor den Augen der Bürger. So können wahre Probleme leicht und unbemerkt vor der großen Masse angepasst, besprochen und beschlossen werden. Was meist zum Nachteil der Bevölkerung ist, da sie mehr überwacht werden kann, danach weniger Freiheiten haben wird oder mehr Steuern zahlen darf. Selten werden solche Entscheidungen wahrer Probleme offen und zum Vorteil der Bürger abgehandelt.

Humanität oder Natürlichkeit?

Und zu meinem letzten Punkt in dieser Abhandlung, zum Thema Werteverfall der Gesellschaft, gehen meine Gedanken hin zu der Frage der Humanität. Vorerst sollte hier gesagt sein, dass ich persönlich eine sehr kontroverse Sichtweise besitze, was das angeht! Und dennoch lege ich diese einfach mal offen dar. Humanität als solches heißt in der Definition: Handlungen und Gedanken, die der Spezies Mensch zum Vorteil scheinen sollen. Gleichzeitig möchte man damit aber auch den Drang der Nächstenliebe darstellen. Für mich ist dieses Wort jedoch heuchlerisch zum Quadrat. Zunächst einmal heißt Humanität das Ignorieren der Natürlichkeit. Sie ruft sogar zum Verändern und Verzerren der Natürlichkeit auf. Wenn man humanitär agiert, dann sorgt man dafür, dass sein Handeln so ausgelegt ist, dass man sich oder andere Menschen etwas positives Lebenserleichterndes erfahren oder erhalten lässt. Gleichzeitig bedeutet es aber, dass ich dafür all jenen Schaden zufüge, die eben nicht Menschen sind. Der Mensch nimmt sich raus zu bestimmen was gut für andere Lebewesen ist! Ja sogar was gut für den Planeten ist. Und das, obwohl wir noch nicht einmal wahrhaftig begreifen wie wir selber funktionieren. Wir Menschen kopieren die Natur wo es eben nur geht, jedoch bedeutet dies nicht, dass wir wirklich sicher seien können, dass unser aktueller Wissensstand auch der wahrhaften Wahrheit entspricht. Wie heißt es in der Wissenschaft so schön

Man lehrt die Theorie, die als derzeitiger korrekter Grundkonsens in der Mehrheit der Wissenschaft angenommen wird.

Dieser Grundkonsens gilt solange, bis er widerlegt worden ist. Mit anderen Worten ist all unser Wissen nur der aktuellste Stand an Vermutungen, dessen was wir versuchen zu verstehen! Wo es aber mit jedem Moment neue Erkenntnisse geben kann. Je mehr wir lernen und glauben zu wissen, entsteht durch die Psyche des Menschen jedoch so etwas wie ein Gottkomplex. Wir glauben, dass wir das höchste Wesen des Universums sind! Ebenfalls erachten wir als Gemeinschaft Mensch (manche auch als Einzelperson), dass wir über alles und jeden bestimmen und regulieren dürfen. Dabei berufen wir uns nur auf Thesen, die zwar als aktuell richtig gelten, eventuell aber jederzeit als falsch widerlegt werden könnten. Würden wir uns aber auf die natürlichen Prozesse der Welt in der wir leben berufen, hätten wir wohl ein anderes Leben. Die natürlichen Prozesse sind durchaus rau und ungemütlich, bieten aber dennoch sehr viele spannende Momente und lebenswerte Ereignisse. Auch bei natürlicher Auslese oder dem Wahrnehmen von Instinkten kann das auch mal rau und weniger freundlich sein, jedoch wäre es natürlicher. Was das jetzt mit einem Werteverfall zu tun hat, ist doch im Grunde genommen offensichtlich. Humanität, also das Hervorheben des Menschen, zeugt davon, dass wir viele Dinge moralisieren können, da wir uns auch anmaßen für alles und jede Situation verantwortlich zu sein. Allerdings nicht wir als einzelner, sondern wir als Gesellschaft. Was hat das für Auswirkungen? Die Einzelperson möchte diese Bürde der Verantwortung nicht tragen und gibt sie gerne ab. Wenn man das nun als führende Elite weiß, kann man mit dem Vorhalten der Verantwortung, die uns als Gesellschaft obliegt, dafür sorgen, Macht zu generieren. Und das, obwohl es nur zu unserer gesellschaftlichen Verantwortung wird, da wir dies moralisch glauben wollen! Real tragen wir die Verantwortung nur, weil wir uns als Oberstes sehen wollen und über alles bestimmen möchten. Würden wir weniger in die Natürlichkeit eingreifen, müssten wir als Gesellschaft weniger Verantwortung tragen. Und dennoch lassen wir uns von der Masse sagen, was in unserer Verantwortung liegt, auch ohne dass wir es empirisch belegen können. Was wir allerdings sehr gut können, es moralisch und manipulativ gegen uns selber oder für die Machtkonzentration hervorragend zu nutzen. Was dazu führt, dass man nur über Aufklärung der Masse jeden begreifen lässt, dass man durch sein eigenes Handeln, durch den Drang nach Luxus, diese Welt auf der wir leben, ruinieren kann. Weniger ist mehr. Was ihr aus meinen Gedanken für euch selber mitnehmen wollt, liegt ganz an euch. Grundlegend sei euch gesagt, erinnert euch an die Werte, mit denen es überhaupt erst möglich war diesen Luxus, den ihr alle so sehr liebt, zu erzeugen. Das war nur noch mal zur Erinnerung ein konservativer liberaler Wertekonsens der Gesellschaft.

Mit freundlichen Grüßen und nachdenklicher Sicht

Alexander Wolfgang Strüver

Danksagung

Wie jeder weiß, der mich kennt, bin ich starker Legastheniker. Ich danke daher allen, die mich ermutigt haben dran zu bleiben und trotz der Schwäche meiner Leidenschaft des Schreibens nachzukommen. Auch einen Dank für die vielen tollen und spannenden Gespräche, die ich mit all jenen führen durfte, die ich auf meinem Weg des Weltenbummlers so kennen lernen durfte. Es war und ist mir stets eine große Freude, mich mit euch an einen Tisch zu setzten und eure Gedanken zu hören und meine mit euch zu teilen. Ein ganz besonderer Dank gilt M., die für mich meine Werke gegen liest und mir hilft, wo sie nur kann. In diesem Sinne hoffe ich, ihr hattet Freude an diesem Werk.

Bald folgt der zweite Teil meiner Fantasie-Romanreihe Farkasember Blutsbande.